단계별로 실력을 키워가는

うきうき
우 키 우 키
 일본어

고급회화

단계별로 실력을 키워 가는
new 우키우키 일본어 고급회화

지은이 나가하라 나리카츠
펴낸이 임상진
펴낸곳 (주)넥서스

초판 1쇄 발행 2007년 11월 15일
초판 11쇄 발행 2015년 1월 20일

2판 1쇄 발행 2016년 3월 30일
2판 14쇄 발행 2024년 2월 15일

출판신고 1992년 4월 3일 제311-2002-2호
주소 10880 경기도 파주시 지목로 5
전화 (02)330-5500 팩스 (02)330-5555
ISBN 979-11-5752-715-1 13730

www.nexusbook.com

단계별로 실력을 키워가는

NEW うきうき
우 키 우 키

일본어
나가하라 나리카츠 지음

고급회화

넥서스 JAPANESE

일본을 여러 번 다녀오시고 일본어도 유창하게 구사하시는 어떤 분에게, 일본인과 대화를 나눌 때 가장 어려운 점이 뭐냐고 물어본 적이 있습니다. 그러자 그분은 특정 분야에 대해 이야기를 할 때 그 분야에 관한 어휘를 몰라서 자세한 이야기를 하지 못하는 거라고 말씀하셨습니다. 예를 들어, 요리를 만드는 방법에 대해 질문을 받았을 때 비즈니스 용어는 잘 알면서도 '썰다', '볶다', '데치다', '뿌리다'와 같은 말을 일본어로 몰라서 제대로 설명하지 못한다고 하는 것입니다.

이는 곧 일본어 수준이 높아질수록 특정 분야의 어휘를 알아야 한다는 것을 시사합니다.

한편, 일본어를 오랫동안 학습해 왔음에도 아직도 일본어가 어색하고 말할 때 실수를 되풀이하는 경우가 있습니다. 어떤 학자들은 이러한 언어의 실수는 모국어의 간섭에서 비롯된다고 설명합니다. 즉 한국어와 일본어의 언어적인 차이점을 몰라 한국어를 그대로 일본어로 직역함으로써 생기는 문제라고 할 수 있습니다.

うきうき にほんご

이 교재는 위에서 언급한 특정 분야의 어휘와 한일 대조 언어라는 관점에서 쓴 것이며 일본어능력시험 1급을 준비하는 학습자에게도 어휘나 문법적인 부분을 강화할 수 있도록 구성된 교재입니다. 특히 시중에 나와 있는 고급 일본어 교재와의 차별점은 각 주제별로 실린 내용이 모두 신문에 투고된 기사로서, 실제 일본인이 쓴 생생한 일본어이면서 그 이슈에 대해서 쉽게 프리토킹할 수 있게 되어 있다는 점입니다. 게다가 과별로 약 77어, 전체적으로는 1,500어가 넘는 새로운 어휘가 실려 있는 점도 다른 교재와 차별화된 점이라 할 수 있습니다.

일본어 학습은 하루아침에 이루어지는 것이 아닙니다. 무엇보다도 중도에 포기하지 않고 꾸준히 노력하는 것이 필요합니다. 아무리 공부해도 일본어 실력이 향상되지 않는 것 같다고 생각하는 분들도 계시겠지만, 외국어라는 것은 자기도 모르게 실력이 향상됩니다. 이 교재가 여러분의 일본어 회화 능력 향상에 도움이 되기를 바랍니다.

나가하라 나리카쓰

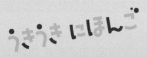

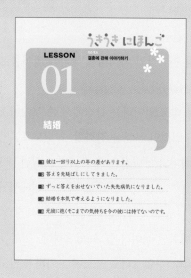

주요 문형

각 과에서 다루게 될 주제와 중요 표현들을 제시하였습니다.

본문

일본 신문의 독자 투고란에서 주제별로 흥미로운 글들을 발췌하였습니다. 글을 읽고 주제와 관련하여 각자의 생각을 자유롭게 말해 봅시다.

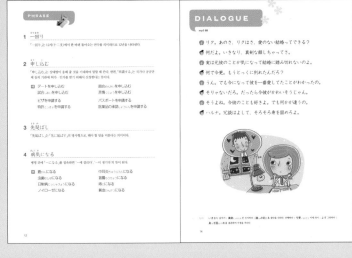

PHRASE
본문에 나온 주요 표현을 학습하는 코너입니다. 중고급 학습자들이 꼭 알아둬야 할 핵심 표현들로, 회화 실력을 업그레이드시키는 데 도움을 줍니다.

DIALOGUE
본문의 주제에 관한 회화문입니다. 딱딱한 존댓말이 아닌 실제 일본인들이 일상생활에서 사용하는 자연스러운 표현을 익힐 수 있습니다.

FREE TALKING
본문의 주제에 대해 각 과에서 배운 표현들을 활용하여 자유롭게 이야기해 봅시다. 질문에 따라 각자 대답하는 항목과 여럿이 토론할 수 있는 항목으로 구성되어 있습니다.

VOCABULARY
주제와 관련된 표현이나 어휘를 정리하였습니다. 실제 회화에서 많이 쓰이는 표현들이므로 프리토킹 때 바로 활용할 수 있으며, 회화 표현력을 한층 더 풍부하게 만들어 줍니다.

うきうき にほんご

차 례

うきうき にほんご

結婚

주요문형 1 彼は一回り以上の年の差があります。

주요문형 2 答えを先延ばしにしてきました。

주요문형 3 ずっと答えを出せないでいた矢先病気になりました。

주요문형 4 結婚を本気で考えるようになりました。

주요문형 5 元彼に抱くそこまでの気持ちを今の彼には持てないのです。

元彼と今彼、結婚迷ってます

mp3 01

　現在5年交際している彼がいます。彼は一回り以上の年の差がありま
す。価値観や夢が同じで尊敬もでき、とても愛してくれています。彼か
ら結婚を申し込まれていたのですが、年の差からの不安や自分のやりた
い事などから答えを先延ばしにしてきました。

　そしてもう一つ決められなかった原因として元彼の存在がありまし
た。元彼は今までで私が一番愛した人でした。元彼とは、元彼の家庭の
事情でお互い好きだったのに別れ、その後も友達としてお互いに大切な
人として連絡をとってました。(彼も元彼の存在は知っています。)そん
なずっと答えを出せないでいた矢先、病気になり子供を産めない体にな
るという可能性が出てきて、可能性のあるうちに子供を…と結婚を本気
で考えるようになりました。

　一時は彼のプロポーズを受けようとしたのですが、どうしても元彼が
ひっかかってしまって…。本気で結婚と考えた時に元彼への気持ちが愛
だと実感しました。元彼とは今彼ほど価値観も合わないですし、将来の
夢も違うのに…、元彼に抱くそこまでの気持ちを今の彼には持てないの
です。結婚って何が一番大切なのでしょうか。良きアドバイスよろしく
お願い致します。

WORD

- 元彼もとかれ 옛 남자친구 (≒ 元カノ)
- 今彼いまかれ 지금 사귀고 있는 남자친구 (≒ 今カノ・現カノ)
- 価値観かちかん 가치관
- 尊敬そんけい 존경
- 存在そんざい 존재
- 矢先やさき ~하려는 참에
- 一時いちじ・いっとき 한때
- ひっかかる 걸리다
- 良よき 좋은

1 一回り
_{ひとまわ}

「一回り」는 12지(十二支)에서 한 바퀴 돌아오는 연수를 의미하므로 12년을 나타낸다.

2 申し込む
_{もう こ}

「申し込む」는 상대방이 응해 줄 것을 기대하여 말할 때 쓴다. 한편, 「申請する」는 국가나 공공단체 등의 기관에 허가・인가를 받기 위해서 신청한다는 뜻이다.

예 デートを申し込む　　　面会めんかいを申し込む
　　試合しあいを申し込む　　苦情くじょうを申し込む

　　ビザを申請する　　　　パスポートを申請する
　　特許とっきょを申請する　　医薬品の承認しょうにんを申請する

3 先延ばし
_{さき の}

「先延ばし」는 「先に延ばす」의 명사형으로, 해야 할 일을 미룬다는 의미이다.

4 病気になる
_{びょう き}

병명 뒤에 「～になる」를 접속하면 '～에 걸리다', '～이 생기다'의 뜻이 된다.

예 癌がんになる　　　　　　　中耳炎ちゅうじえんになる
　　虫歯むしばになる　　　　　盲腸もうちょうになる
　　日射病にっしゃびょうになる　痔じになる
　　ノイローゼになる　　　　貧血ひんけつになる

5 本気で
<ruby>本<rt>ほん</rt></ruby><ruby>気<rt>き</rt></ruby>で

「本気」는 원래 '진심', '제정신', '본심'의 뜻이 있지만, 「本気」뒤에 「～にする」가 이어지면 '믿다'의 뜻이 된다.

> 예 彼は嘘つきなので彼の話は本気にできない。

6 抱く
<ruby>抱<rt>いだ</rt></ruby>く

「抱く」는 '품다'의 뜻으로, 사태에 대한 반응으로서 어떤 감정이나 마음을 가지게 되는 것을 나타낸다. 「だく」로 읽으면 '두 팔로 껴안다'라는 뜻으로, 구체적인 사물에 대해 사용한다.

> 예 夢ゆめをいだく　　　　　　　不信感ふあんかんをいだく
> 　　恐怖感きょうふかんをいだく　　　関心かんしんをいだく
>
> 　　人形にんぎょうをだく　　　　　　メス鳥どりが卵たまごをだく
> 　　子供こどもをだく　　　　　　　膝ひざをだいて寝ねる

リク。あのさ、リクはさ、愛のない結婚ってできる？

何だよ。いきなり、真剣な顔しちゃってさ。

実は元彼のことが気になって結婚に踏み切れないのよ。

何で今更。もうとっくに別れたんだろ？

うん。でも今になって彼を一番愛してたことがわかったの。

そりゃないだろ。だったら今彼がかわいそうじゃん。

そうよね。今彼のことも好きよ。でも何かが違うの。

ハルナ。冗談はよして、そろそろ身を固めろよ。

単어　いきなり 갑자기 ｜ 真剣しんけんだ 진지하다 ｜ 踏ふみ切きる 결단을 내리다, 단행하다 ｜ 今更いまさら 이제 와서 ｜ よす 그만하다 ｜
身みを固かためる 결혼하여 가정을 꾸리다

◆ 「結婚」って何が一番大切だと思いますか。

◆ 好きになれば一回り以上の差のある人と結婚できますか。

◆ 付き合っている相手が前の恋人と連絡をとりあっていることについて理解し
てあげられますか。

◆ 相手から愛されているから結婚するという考え方についてどう思いますか。

◆ 韓国ではプロポーズはどういう風にしていますか。
どんな言葉でプロポーズをしていますか。

_____

_____

_____

_____

_____

_____

_____

VOCABULARY

恋こいに落ぉちる	사랑에 빠지다
純愛じゅんあい	순애
憧ぁこがれる	동경하다
片思かたおもい	짝사랑
気きがある	마음이 있다
恋患こいわずらい	상사병
惚ほれる	반하다
一目惚ひとめぼれをする	한눈에 반하다
うっとりする	넋을 잃다

告白こくはくする	고백하다
軟派なんぱ	여자를 꼬심
振ふる	퇴짜를 놓다
振ふられる	퇴짜를 맞다
失恋しつれんする	실연당하다
愛ぁいが冷さめる	사랑이 식다
未練みれん	미련

二股ふたまたをかける	양다리를 걸치다
三角関係さんかくかんけい	삼각관계
不倫ふりん	불륜
援助交際えんじょこうさい	원조 교제

婚約こんやく	약혼
初婚しょこん	초혼
再婚さいこん	재혼
晩婚ばんこん	만혼
離婚りこん	이혼
既婚きこん	기혼
未婚みこん	미혼
破談はだん	파혼

相性ぁいしょう	궁합
結納ゆいのう	약혼의 표시로 양가에서 교환하는 금품
披露宴ひろうえん	피로연

同棲どうせい	남녀의 동거
妊娠にんしん	임신
身みごもる	임신하다
出産しゅっさん	출산
子供こどもをおろす	아이를 지우다
中絶ちゅうぜつする	중절하다

初うぶだ	때묻지 않고 순진하다
エッチだ	음란하다, 변태적이다
愛ぁいらしい	사랑스럽다
淡白たんぱくだ	담백하다
男おとこらしい	남자답다
女おんならしい	여자답다
男っぽい	남자 같다
女っぽい	여자 같다

人妻ひとづま	유부녀
妻帯者さいたいしゃ	유부남
仲睦なかむつまじい	금실이 좋다
バツーいち	이혼한 적이 있는 사람
亭主関白ていしゅかんぱく	폭군같이 구는 남편
かかあ天下でんか	집안에서 남편보다 아내가 권력을 쥐고 뽐냄
良妻賢母りょうさいけんぼ	현모양처

うきうき にほんご

LESSON

학습목표
결혼 생활에 관해 이야기하기

02

結婚生活

1 夫は仕事で毎日午前様です。

2 何も手につかなくなり生活がつらいです。

3 私の両親はずっと働きづめでした。

4 いまだに親にどう甘えていいかわかりません。

5 最近はいらいらして子供に手を上げることもあります。

夫が仕事一筋 生活に寂しさ

mp3 03

　30代主婦。夫は仕事で毎日午前様、数日間帰宅しないこともあります。転職して約10年、ずっとこんな生活です。私は頑張って1人で家事をし、現在1歳の息子も育てています。

　でも先日、突然糸が切れたように、何も手につかなくなり、生活がつらくなりました。夫はギャンブルも浮気もしません。ぜいたくな悩みだとわかっているのですが、どうしても彼に優しくできないんです。

　私の両親はずっと働き詰めで、私を寝かしつけた後も仕事に出かけていました。夜目覚めて親を探し、泣き疲れて玄関で寝ていたこともあります。いまだに親にどう甘えていいかわかりません。そんな過去もあり、私の一番の幸せは、貧乏でもいい、とにかく家族一緒にいる時間なのです。一方、彼は時間はあっても裕福でない家庭で育ち、お金が大事と考えています。

　最近はいらいらして子供に手を上げることもあります。一番してはいけないことです。夫と歩み寄ることはできるのでしょうか。

18

- 一筋ひとすじ 외곬
- 午前様ごぜんさま 늦게까지 놀다가 자정이 지나서야 귀가하는 일, 또는 그런 사람
- 帰宅きたく 귀가
- 転職てんしょく 전직, 직장을 바꿈
- 糸いとが切きれる 실이 끊어지다
- 手てにつかない 손에 잡히지 않다
- ギャンブル 도박
- 浮気うわき 바람, 외도
- ぜいたくだ 사치스럽다

- 働はたらき詰づめ 일을 계속하는 것
- 寝ねかしつける 아이를 재우다
- 玄関げんかん 현관
- 甘あまえる 응석부리다
- 裕福ゆうふくだ 유복하다
- いらいらする 짜증나다, 짜증내다, 초조하다
- 手てを上あげる 때리려고 손을 들어올리다
- 歩あゆみ寄よる 서로 양보하거나 절충해서 일을 해결하다

1 一筋 _{ひとすじ}

「一筋」는 '한 가지 일에만 열중하거나 마음을 집중하다'라는 뜻이다.

例 田中さんはラーメン一筋に時代の求める味を追求してきた。
彼は歌は歌わず演技一筋でやってきた。

cf. この問題は複雑すぎて一筋縄ではいかない。

2 浮気 _{うわき}

「浮気」는 '바람 피우다'의 '바람'에 해당되는 말로, '바람기'를 나타내는 말은 아니다. '바람기'는 「浮気心(うわきごころ)」를 쓴다.

cf. 浮気者 / 浮気な性格

3 ～詰め _づ

동사 ます형에 연결되어서 '같은 상태가 계속됨'을 나타낸다.

例 列車に乗り込んだが目的地まで立ち詰めだった。
学生時代は図書館に通い詰めだった。

4 目覚める _{め ざ}

「目覚める」는 '잠이 깨다'뿐만 아니라, 잠재되었던 본능이나 의식이 생기기 시작하거나, 어떤 계기로 취해야 할 태도를 확실하게 인식하게 된다는 뜻이 있다.

例 娘の中学入学を機に父は英語に目覚めました。
テストを何度も受けるうちにテストの重要性に目覚めた。
悪行ばかりを重ねていた田中は、良心に目覚め僧になる。

5 いまだに

「いまだに」는 '아직껏', '아직도'라는 뜻으로, 변화가 일어나야 하는데도 불구하고 아직 별 변화가 없이 그대로의 상태가 계속되고 있음을 나타낸다.

예 風を引いて3日もたつのにいまだに熱が下がりません。
　　もう夏なのに彼はいまだに長袖を着ています。

cf. A：もう昼ごはん食べましたか。
　　B：いいえ、いまだに食べていません。(×)

6 貧乏（びんぼう）

「貧乏」를 사용한 관용구나 복합어가 많다.

예 貧乏人の子沢山（こたくさん）　　　貧乏暇（ひま）なし
　　貧乏くじを引（ひ）く　　　　　　貧乏たらしい
　　貧乏性　　　　　　　　　　　貧乏揺（ゆ）すり

7 手（て）を上（あ）げる

「手を上げる」는 '때리려고 손을 번쩍 들다'라는 뜻도 있으나 '두 손을 들다'라는 뜻도 있다.

DIALOGUE

mp3 04

タケシ。男にとって仕事ってそんなに大事なものなの？

そうだよ。

男から仕事取っちゃったら抜け殻も同然だよ。

でも家庭を犠牲にしてまでお金稼ぐのってどうかな？

私は家庭あっての仕事だと思うわ。

現実ってそんな甘いものではないんだよ。

食べてかなきゃならないだろ。

ぜいたくな悩みなのかな？

でも心の中に隙間風が吹いてるわ。

おいおい。寂しさを外に求めちゃだめだよ。

友達の俺がいるじゃん。

단어　**抜**ぬ**け殻**がら 얼이 빠진 사람, 허수아비 ｜ **同然**どうぜんだ 마찬가지다 ｜ **犠牲**ぎせい 희생 ｜ **食**たべ**てく** 먹고 살다 ｜ **隙間風**すきま
かぜ 틈새기 바람, 외풍 ｜ **求**もとめる 구하다

FREE TALKING

◆ 数日間帰宅できないような仕事と言えばどんな仕事があるでしょうか。

◆ あなたは仕事のため帰宅時間が夜12時を過ぎたことがありますか。

◆ 仕事と家庭をうまく両立するためにはどうしていけばいいでしょうか。

◆ あなたの家庭は共働きですか。
　また、共働きのメリットとデメリットを話してください。

◆ 専業主婦の大変な点は何だと思いますか。

✿ VOCABULARY

□ 夜明よあかしをする	밤새우다
□ 徹夜てつや	철야
□ 夜更よふかしをする	밤 늦도록 안 자다
□ 定年ていねん	정년
□ 退職たいしょく	퇴직
□ 老後ろうご	노후
□ 手当てあて	수당
□ ただ働ばたらき	수당 없이 일함
□ メール残業ざんぎょう	남은 일을 메일로 보내 놓고 집에서 잔업하는 것
□ 役職やくしょくに就つく	관리직에 취임하다
□ 営業えいぎょう	영업
□ 過労死かろうし	과로사
□ 息抜いきぬき	숨을 돌림
□ リストラ	정리 해고
□ 解雇かいこ	해고
□ 雇用こよう	고용
□ 遅刻ちこく	지각
□ 早退そうたい	조퇴
□ 専業主婦せんぎょうしゅふ	전업주부
□ 家庭かていを顧かえりみる	가정을 돌보다
□ 子育こそだてする	아이를 키우다
□ 面倒めんどうを見る	돌봐 주다
□ 気分転換きぶんてんかん	기분 전환
□ 気晴きばらし	기분 전환
□ 憂うさ晴ばらし	기분 전환
□ 鬱憤うっぷんを晴はらす	울분을 풀다
□ 心こころを入いれ替かえる	마음을 새롭게 하다

□ やり甲斐がいを感かんじる	보람을 느끼다
□ 融通ゆうづうが利きかない	융통성이 없다
□ 生真面目きまじめだ	고지식하다, 지나치게 착실하다
□ 仕事を優先ゆうせんさせる	일을 우선으로 하다
□ 自棄酒やけざけ	홧술
□ 腹はらいせ	앙갚음
□ ゴルフ三昧ざんまい	골프 삼매경
□ 接待せったい	접대
□ 交際費こうさいひ	교제비
□ 悔くやむ	후회하다, 달래다
□ 気きが抜ぬける	김이 빠지다
□ うつ病びょう	우울증
□ 躁鬱病そううつびょう	조울증
□ 切せつない	애달프다, 안타깝다
□ やるせない	기분을 풀 길이 없다
□ 孤独こどくだ	고독하다
□ うっとうしい	귀찮다, 성가시다
□ 空むなしい	허무하다, 보람 없다

うきうき にほんご

LESSON

03

家族

주요문형1 家族にどう思われるかを気にしていないのが疑問です。

주요문형2 弟は頑固だからと言葉を濁します。

주요문형3 家の中で彼女に会っても愛想よくできません。

주요문형4 物件を探していますが、踏み切れません。

주요문형5 彼女が非常識だとこだわるのが間違っているのでしょうか。

毎週泊まりにくる義弟の彼女

　夫、義父母、義弟と同居しています。30代の義弟には、20代後半の彼女がいて、ここ数年毎週末泊まりにきます。

　彼女が一人暮らしならわかりますが、実家に住んでいます。倫理とか、相手の家族にどう思われるかを、気にしていないのが疑問です。彼女が断りなく台所や風呂を使うので、困っています。でもそう感じるのは、この家で私だけのようです。

　義母に打ち明けると「嫌なら出ていってもいい」と言われました。ショックでした。夫は「気持ちはわかるが、弟は頑固だから」と言葉を濁します。

　家の中で彼女に会っても愛想よくできず、我ながら良くない態度だと思います。いつか彼女が身内になっても、仲良くなれないと思ってしまいます。家を出れば楽になれると物件を探していますが、踏み切れません。

　彼女が非常識だとこだわる私が間違っているのでしょうか。私はどうしたらよいのでしょうか。

WORD

- 義弟ぎてい 배우자의 남동생, 매부
- 義父母ぎふぼ 배우자의 부모
- 実家じっか 친정
- 倫理りんり 윤리
- 気きにする 신경을 쓰다, 걱정하다, 마음에 두다
- 断ことわり 양해, 예고
- 義母ぎぼ 배우자의 어머니
- 打うち明あける 털어놓다
- 頑固がんこだ 완고하다
- 愛想あいそ 붙임성, 애교

- 我われながら 나로서도
- 身内みうち 일가, 친척
- 物件ぶっけん 물건 (여기서는 부동산)
- 踏ふみ切きる 결단하다, 단행하다
- 非常識ひじょうしき 비상식
- こだわる 구애받다, 트집을 잡다

1 義弟 (ぎてい)

회화에서는 「義弟」보다 「義理の弟」라고 많이 쓴다.

cf. 義父母 → 義理の父母 / 義理の親 / 義理の両親

2 ここ

「ここ」는 장소를 나타내는 지시대명사이기도 하지만 '현재에 가까운 시간'이라는 의미도 가지고 있다. (≒最近)

예 彼はここ数年間納豆は一切口にしていない。
    ここ二日間仕事が忙しくてろくに食事も取っていない。

cf. ここのところ (구어체에서는 「ここんとこ(ろ)」로 많이 쓴다.)

3 疑問 (ぎもん)

「疑問」 뒤에는 다음과 같은 동사들이 이어지므로 쓰임에 주의하자.

예 疑問を感かんじる   疑問を持もつ
    疑問を晴はらす   疑問を投なげかける
    疑問を抱いだく   疑問を解とく
    疑問を与あたえる   疑問に思おもう
    疑問がある

4 濁す (にごす)

「濁す」는 원래 '불투명한 상태로 만들다'라는 뜻인데, 「濁す」 앞에 「言葉を」가 오면 '말을 애매하게 얼버무리다'라는 뜻이 된다.

cf. お茶を濁す

5 愛想 <ruby>愛<rt>あい</rt></ruby><ruby>想<rt>そ</rt></ruby>

「愛想」는 관용구를 같이 외우는 것이 좋다. 「愛想」를 발음할 때에는 「あいそう」보다 일반적으로 「あいそ」라고 한다.

> 例 彼女は愛想がいいので社内でも人気がある。
> 彼の嘘にもう愛想が尽きてしまった。
> 彼女はこの都会の生活に愛想を尽かして田舎に帰ってしまった。

cf. お愛想、お願いします。

6 物件 <ruby>物<rt>ぶっ</rt></ruby><ruby>件<rt>けん</rt></ruby>

「物件」은 「証拠物件」처럼 법률 용어로서 쓰이는 경우와, 「アパート物件」처럼 부동산에서 쓰이는 경우가 대부분이다.

7 非常識 <ruby>非<rt>ひ</rt></ruby><ruby>常<rt>じょう</rt></ruby><ruby>識<rt>しき</rt></ruby>

「非常識」 뒤에는 「~的」가 붙지 않는 점에 주의한다. 한국어에서는 「的」가 붙지만 일본어에서는 붙지 않는 말들이 많다.

> 例 露骨ろこつだ   極端きょくたんだ
> 神経質しんけいしつだ   必死ひっしだ
> 異質いしつだ   悪質あくしつだ

cf. 神秘的だ

DIALOGUE

🧒 もうこんな生活、嫌になっちゃった。家に帰りたくないよ。

👨 一体どうしたの？ 家で何かあったの？

👧 それがね。

毎週のように義理の弟の彼女が遊びに来るんだけど、

まだ結婚もしてないくせに馴れ馴れしく家族づらするのよ。

👨 え？ それ、どういうこと？ 家族づらって。

👧 勝手に台所の物いじったり、冷蔵庫開けたり。

嫁の私の気持ち全く考えようとしてくれないの。

自分勝手もいいところだわ。

👨 そうだね。「物は考えよう」って言うじゃない。

前向きに考えた方がいいんじゃない？

単어　～くせに ～인 주제에, ～임에도 불구하고 ｜ 馴なれ馴なれしい 매우 친하다 ｜ 家族かぞくづら 가족이 아니면서 가족인 척함 ｜ 勝
手かってに 제멋대로 ｜ いじる 만지다, 만지작거리다 ｜ 嫁よめ 며느리 ｜ 物は考えよう 모든 일은 생각하기 나름이다 ｜ 前向まえむ
きだ 적극적이다, 긍정적이다

FREE TALKING

다음 질문을 하고 상대방의 대답을 적어 보세요.

◆ 弟の彼女が毎週のように遊びにくることについてどう思いますか。

◆ 自分の実家に付き合っている人を連れて行ったことがありますか。

◆ 姑が「嫌なら出ていってもいい」と言ったが、それについてどう思いますか。

◆ この女性はこれからどうしていったらいいでしょうか。

◆ 日常生活での非常識な行動といえばどんなことがあるでしょうか。

✿ VOCABULARY

□ 核家族 かくかぞく	핵가족	□ 養育 よういく	양육
□ 大家族 だいかぞく	대가족	□ 介護 かいご	개호
□ 別居 べっきょ	별거	□ 老後 ろうご	노후
□ 親子水入 おやこみずいらず	부모 자식끼리만 오붓하게 있음	□ くつろぐ	느긋하게 쉬다
□ 嫁 よめ	며느리	□ 落ぉち着つける	안정될 수 있다
□ 姑 しゅうとめ	시어머니, 장모	□ 住宅 じゅうたくローン	주택 대출
□ 舅 しゅうと	시아버지, 장인		
		□ 本家 ほんけ	본가
□ 赤 あかちゃんを抱 だく	아기를 안다	□ 分家 ぶんけ	분가
□ 赤ちゃんをおんぶする	아기를 업다	□ 一家団欒 いっかだんらん	일가 단란
□ 赤ちゃんをおぶる	아기를 업다	□ アットホーム	자기 집처럼 편안함
□ 少子化 しょうしか	아이를 적게 낳는 현상	□ 家庭的 かていてきだ	가정적이다
		□ 和気藹藹 わきあいあいとする	화기애애하다
□ 大黒柱 だいこくばしら	집안의 기둥이 되는 인물		
□ 母子家庭 ぼしかてい	아버지가 없는 가정	□ 他人行儀 たにんぎょうぎ	남처럼 서먹하게 대함
□ 父子家庭 ふしかてい	어머니가 없는 가정	□ 水臭 みずくさい	친한 사이인데도 남남처럼 덤덤하다, 서먹하다
□ 親子 おやこの絆 きずな	부모와 자식 간의 인연	□ 赤 あかの他人 たにん	생판 남
□ 親子の縁 えんを切 きる	부모자식 간의 연을 끊다	□ 頼 たよりない	미덥지 못하다
□ 勘当 かんどうする	의절하다	□ 世間知 せけんしらず	세상 물정에 어두움, 또는 그런 사람
□ 口 くちを利 きかない	말을 하지 않다		
□ 言いうことを聞 きかない	말을 듣지 않다	□ うざったい	성가시다, 귀찮다
□ 反発 はんぱつする	반발하다		
□ 反抗 はんこうする	반항하다		
□ 親孝行 おやこうこう	효행, 효도		
□ 親不孝 おやふこう	불효		
□ 孝行息子 こうこうむすこ	효자		
□ 孝行娘 こうこうむすめ	효녀		
□ 生活保護 せいかつほご	생활 보호		

うきうき にほんご

주요 문형 1 避け方が露骨だったのか、癪に障ったようです。

주요 문형 2 証拠がないので自意識過剰といわれればそれまでです。

주요 문형 3 仕事が忙しければ気にならずに済むかもしれません。

주요 문형 4 振る舞ったり睨み返したりしても効果はありません。

これってセクハラですか

mp3 07

　まだ入社して数ヶ月の会社内での出来事について相談します。

　席で普通に仕事をしていてふと顔を上げたときなどに、社内の年上の男性(独身)となんとなく頻繁に目が合うので誤解されたら困ると思い、見ないようにしていました。

　避け方が露骨だったのか、癪に障ったようでそれ以来、嫌がらせのように私の席の近くをわざわざ通って移動したり、遠くからでもこちらの様子を見てきます。人数の少ない会社で人事は2人です。

　入社当時に別の男性のことで相談したことがあり、上司や人事に相談しようにも「またか」と思われそうで言えずにいます。

　こういうことは証拠がないので、自意識過剰といわれればそれまで。仕事が忙しければまだ気にならずに済むかもしれませんが、なぜ雇ったのか不思議なくらい暇なんです。

　しかし辞めるにも生活があるのですぐには辞められません。直接言うにもストーカー的な雰囲気を感じるので恐くて出来ません。気にしないように振る舞ったり、思い切って睨み返したりしても効果はありません。どうしたらいいのでしょうか。これはセクハラでしょうか。

WORD

- セクハラ 성희롱
- 出来事できごと 사건, 사고, 일어난 일
- なんとなく 어딘지 모르게, 왠지
- 頻繁ひんぱんだ 빈번하다
- 目めが合あう 눈이 마주치다
- 露骨ろこつだ 노골적이다
- 癪しゃくに障さわる 부아가 나다
- 嫌いやがらせ 짓궂은 짓, 괴롭힘
- わざわざ 일부러
- 人事じんじ 인사

- 証拠しょうこ 증거
- 自意識過剰じいしきかじょう 자의식 과잉
- 気きになる 걱정하다, 마음에 두다
- 雇やとう 고용하다
- 暇ひまだ 한가하다
- ストーカー 스토커
- 振ふる舞まう 행동하다
- 睨にらむ 노려보다, 쏘아보다

1 ふと

「ふと」는 '문득', '우연히', '갑자기'라는 뜻으로, 뒤에 이어지는 동사가 다양하다.

> 예 ふと見ると、正面の壁に校長先生の像が飾ってある。
> おじさんはふと話をやめて外の雨に耳を傾けた。
> 財布を置き忘れたことにふと気が付いた。

2 避ける

「避ける」의 읽는 법은 「さける」와 「よける」의 두 가지가 있으며, 이에 따라 쓰임이 다르므로 주의하자.

◆さける

① 예상되는 마이너스 사태가 생기지 않도록 하다

> 예 ラッシュアワーをさけて時間をずらした。
> 渋滞をさけて迂回した。

② 안 좋은 결과를 초래할 행동을 취하지 않다

> 예 誤解をさける　　　　　　　　　混乱をさける
> 最悪の事態をさける

◆よける : 손실을 입을 우려가 있을 때 적극적으로 위치를 바꾸다

> 예 水溜まりをよける　　　　　　　オートバイをよける
> 日差しをよける　　　　　　　　飛んできたボールをよける

3 癪に障る
しゃく　さわ

「障る」는 뭔가에 깊이 관계됨으로써 바람직하지 않은 영향이 생기는 것을 뜻한다. 「～に障る」의 형태로 쓰이는 표현은 다음과 같다.

> 예 気に障る　　　　　　　　　　　体に障る
> 病気に障る　　　　　　　　　　勉強に障る

4 以来

「以来」 앞에 동사가 오는 경우 반드시 て형으로 연결해야 한다.

예 卒業して以来、田中さんとは一度も会っていません。

5 ～ばそれまでだ

'～하면 그만이다'라는 뜻이다.

예 仕方がないと言われればそれまでです。
こんなにお願いしても聞き入れてもらえなければそれまでですよ。
相手に正直に言って嫌われたらそれまでです。

6 ～ずに済む

「동사 ない형+ず+に済む」는 '～할 필요까지는 없다', '～하지 않아도 괜찮다'라는 뜻으로,「ず」앞에는 화자가 그다지 원하지 않는 뜻을 나타내는 동사가 온다.

예 私の代わりに田中さんが出張に行ってくれたので、私は行かずに済んだ。
マイカー出勤になってからは満員電車に乗らずに済むのでうれしい。
いじめにさえあわなければ彼は死なずに済んだのに。

7 思い切って

「思い切って」는「思い切る」의 て형으로 되어 있지만, '결연히', '큰맘 먹고', '과감히'라는 뜻의 부사이다.「思い切り」는 '충분히', '힘껏', '마음껏'이라는 뜻을 나타낸다.

예 思い切って彼女に告白をすることにした。
老後のために思い切って田園住宅を買うことに決めた。
腹を立てた田中さんは鈴木さんを思い切り殴った。
夕食はビュッフェだったので思い切り食べた。

DIALOGUE

mp3 08

リク、私最近セクハラにあってるの。どうしよう。

え? セクハラ? 相手の男、どんなことしてくるわけ?

やたら私のことじろじろ見たり、遠くから熱い視線で
私のこと見つめたりするのよ。

それって、もしかしてハルナのこと好きなだけじゃないの?

でも、あんな気持悪い目で見られたら鳥肌が立つわよ。

だったら、しかとするしかないよ。
ハルナは気がないんだろ?

決まってるじゃん。あんなきもい男。

단어　やたら 함부로, 마구 | じろじろ見る 뚫어지게 보다 | 視線しせん 시선 | 見みつめる 응시하다, 주시하다 | 気持悪きもちわるい
기분 나쁘다, 징그럽다 | 鳥肌とりはだが立たつ 소름이 끼치다 | しかと (속어) 무시함 | 決きまってる 당연하다 | きもい 気持悪
い의 준말

FREE TALKING

다음 질문을 하고 상대방의 대답을 적어 보세요.

◆ この文章を読んで、あなたは相手の男性がセクハラをしていると思いましたか。もしくは彼女が意識しすぎていると思いましたか。

◆ 会社内で異性に対してどんなことをしたらセクハラになると思いますか。

◆ もしあなたが社内で社長や上司からセクハラされたらどうしますか。

◆ 言葉でのセクハラとは相手にどんなことを言うことだと思いますか。

◆ 過去にセクハラのようなことをされたことがありますか。

....

....

....

....

....

....

....

....

✿ VOCABULARY

☐ ひらめく	(생각 등이) 번쩍 떠오르다	☐ 配属はいぞく	배속
☐ プランを練ねる	계획을 짜다	☐ 人事異動じんじいどう	인사 이동
☐ 書類に目めを通とおす	서류를 대강 훑어보다	☐ 引ひき抜ぬき	빼돌리기, 스카우트
☐ 席せきを外はずす	자리를 비우다	☐ 派遣はけん	파견
☐ アポイントを取とる	약속을 잡다	☐ 左遷させん	좌천
☐ 外回そとまわり	외근	☐ 削減さくげん	삭감
☐ 取とり組くむ	몰두하다, 착수하다		
☐ 仕事しごとに身みを入いれる	일에 정성을 쏟다	☐ 福利厚生ふくりこうせい	복리 후생
☐ ノルマ	할당된 노동의 기준량	☐ 失業保険しつぎょうほけん	실업 보험
☐ 頭あたまがパンクする	머리가 터지다	☐ 有給休暇ゆうきゅうきゅうか	유급 휴가
☐ 棚卸たなおろし	재고 조사		
☐ 決算報告書けっさんほうこくしょ	결산 보고서	☐ 都合つごうがつく	형편이 되다, 짬이 나다
☐ 販売促進はんばいそくしん	판매 촉진	☐ 都合が悪わるい	형편이 나쁘다
☐ 業績ぎょうせき	업적	☐ 予定よていが狂くるう	예정이 틀어지다
☐ 不振ふしん	부진	☐ メドが立たつ	전망이 보이다
☐ 円滑えんかつだ	원활하다		
☐ 吸収合併きゅうしゅうがっぺい	흡수 합병	☐ 謙虚けんきょだ	겸허하다
		☐ 神経質しんけいしつだ	신경질적이다
☐ 性的せいてき嫌いやがらせ	성희롱	☐ 飽あきっぽい	금방 싫증을 내다
☐ 対人関係たいじんかんけい	대인관계	☐ 評判ひょうばんがいい	평판이 좋다
☐ 機嫌きげんを損そこねる	기분을 상하게 하다	☐ 合理的ごうりてきだ	합리적이다
☐ 顔色かおいろをうかがう	눈치를 살피다	☐ 賢かしこい	현명하다
☐ 上司じょうしに逆さからう	상사에게 반항하다		
☐ 指示しじに従したがう	지시를 따르다		
☐ 譲ゆずる	양보하다		
☐ 雇用こよう	고용		
☐ 従業員じゅうぎょういん	종업원		
☐ 天職てんしょく	천직		
☐ 役職やくしょく	직무, 관리직		
☐ 管理職かんりしょく	관리직		

うきうき にほんご

1 塾通いをして中学を目指していた娘が無事合格しました。

2 担任の先生が「あそこはお金次第だから」と言いました。

3 塾に行っているくせにこんな問題もわからないんですか。

4 長男の担任になったらと考えると憂鬱でたまりません。

中学合格した娘に対する担任の言葉

mp3 09

　小学校4年生から塾通いをして中学を目指していた娘が無事合格しました。娘が「合格」を先生に報告したところ、担任の先生が「あそこはお金次第だから、あんたのところもお金を積んで入ったんでしょう」とクラス全員の前で言われたと悔し涙で帰って来ました。

　娘のクラスは3分の1が受験し、合格した子には「よく頑張ったね」と言ってもらえる子もいたのに、なぜ娘だけが「お金次第」と言われなければならないのか、先生としての「常識」を疑います。

　同じマンションに住む同じクラスのママから、「○○さんのところにお金があるなんて知らなかったわ」と言われたり、授業の算数の問題にちょっとでもつまずくと先生から「塾に行っているくせにこんな問題もわからないのか」とヒステリックに罵られたりして、病院通いをしたことさえあります。二年後には長男が中学受験を控えていて、もし、長男の担任になったらと考えると憂鬱でたまりません。母親としてはどうしたらいいのでしょうか。

□ <u>塾通</u>じゅくがよい 학원을 다니는 일

□ 目指めざす 지향하다, 목표로 하다

□ ～次第しだい ～에 따라 결정됨, ～나름임

□ 積つむ 쌓다, 싣다

□ 悔くやし涙なみだ 분해서 흘리는 눈물

□ 常識じょうしき 상식

□ 疑うたがう 의심하다

□ つまづく 좌절하다, 실패하다

□ ヒステリック 히스테릭

□ 罵ののしる 욕을 퍼붓다, 매도하다

□ ～さえ ～조차, ～마저

□ 控ひかえる 앞두다, 대기하다

□ 憂鬱ゆううつだ 우울하다

□ たまらない 참을 수 없다, 견딜 수 없다

1 対<ruby>す<rt>たい</rt></ruby>る

「～に対して」와「～について」의 쓰임에 대해 알아보자.

◆「～に対して」는「～に」로 바꿔도 뜻이 통하며, 목표나 방향성을 강조하는 성질이 있다.

> [예] 田中さんは友達に対して「バカ」と言うのが口癖だ。
> 企業に対してはその社会的責任の自覚を求めたい。
> 危険物に対してはどの空港でも二つの方法でチェックしている。

◆「～について」는 어떤 일을 깊이 추구하거나 생각하는 경우에 많이 쓰이며, 주로 뒤에「書く」, 「話す」,「考える」등의 동사가 온다.

> [예] 彼女はケンカが起こった原因については一言も話さなかった。
> 地球全体の平和について、話し合うことの重要性は指摘するまでもない。
> 運輸省は死亡などの重大事故について調査している。

2 次<ruby>第<rt>しだい</rt></ruby>

「次第」는 두 가지 뜻이 있다.

◆ **～次第だ** : ～에 달려 있다, ～나름이다, ～에 의해 결정된다

> [예] 地獄の沙汰も金次第だ。
> 生かすも殺すも君次第だ。
> 明日出発するかしないかは天気次第だ。

◆ **동사 ます형+次第** : ～하자마자, ～하는 즉시

> [예] 駅に着き次第、連絡してください。
> 現時点では満室ですが、空き次第お借りいただけます。
> 工事がすべて終わり次第、ご請求書をお出しいたします。

cf. 次第に

3 ところ

「ところ」는 장소를 나타내는 말인데, 흔히 집이나 그 사람이 있는 장소를 가리키는 경우도 있다.

> 예 ちょっと一階の部長のところに行ってきます。
> 君のところに飛んでいきたい。
> 明日君のところに行ってもいい？

4 お金を積む

「お金を積む」의 「積む」는 원래 '쌓다'의 뜻이지만, 여기서는 문맥상 '돈을 쓰다', '돈을 갖다 바치다'의 뜻이 된다. 또한, '저금하다'라는 뜻도 가지고 있다.

5 ～くせに

「～くせに」는 '～주제에'의 뜻으로 남을 비난하는 뉘앙스로 쓰이는 경우가 많다. 그러나 친한 사이에서는 단순히 '～면서'의 뜻으로 쓰이는 경우가 많다.

> 예 コンサート嫌いじゃないくせにどうして断るの？
> 私と結婚する気もないくせに今さらそんなこと言わないで。
> 昨日僕んちに遊びに来るって言ってたくせに何で来なかったの？

6 ～でたまらない

「～でたまらない」, 「～てたまらない」 앞에는 감정을 나타내는 말이나 몸 상태를 나타내는 말이 오는 경우가 많다.

> 예 友達から悪口を言われ悔しくてたまらない。
> 試験の結果が心配でたまらない。
> 彼女と付き合うことができてうれしくてうれしくてたまらない。

mp3 10

どうしたの？ 何だか元気ないようだけど。何かあったの？

実はね。うちの子、名門中学校に受かったんだけど、

担任の先生に裏金使って入ったんじゃないかってみんなの前で

言われたらしいのよ。ちょっとひど過ぎると思わない？

まさか。

先生の気分を害するようなこと何かしたんじゃないの？

うちの子に限ってそんなこと絶対ないわよ。

なぜか前からずっとうちの子以外の子ばかりえこひいきして

きたんだって。

ちょっと理解に苦しむな。とにかく誰かに相談した方がいいよ。

そうよね。娘もかなり滅入ってるって感じだもん。

단어　名門めいもん 명문 ｜ 裏金うらがね 일이 잘 되도록 몰래 쥐어 주는 뒷돈 ｜ 気分きぶんを害がいする 기분을 상하게 하다 ｜ 〜に限かぎって 〜만은 ｜ えこひいき 한쪽만 편듦, 역성듦 ｜ 理解りかいに苦くるしむ 이해하기 어렵다 ｜ 滅入めいる 맥이 풀리다, 기가 죽다, 우울해지다

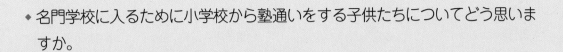

◆ 名門学校に入るために小学校から塾通いをする子供たちについてどう思いますか。

◆ もしあなたがこの女の子のお父さんやお母さんだとしたらどうしますか。

◆ 今まで学校で友達や先生から嫌なことを言われたり、何かショックを受けたりしたことがありますか。

◆ 今まで塾通いをしたことがありますか。ある人はどんな塾に通ったことがありますか。

◆ 中学校の時の担任の先生について何か思い出があったら話してください。

VOCABULARY

□ 校長 こうちょう	교장
□ 教頭 きょうとう	교감
□ 朝礼 ちょうれい	조례
□ 校則 こうそく	교칙
□ クラス委員長 いいんちょう	반장
□ 班長 はんちょう	반장
□ 全校生徒 ぜんこうせいと	전교생
□ 父兄 ふけい	학부형
□ 必修教科 ひっしゅうきょうか	필수 교과목
□ 進路指導 しんろしどう	진로 지도
□ 詰っめ込こみ教育 きょういく	주입식 교육
□ スパルタ教育	스파르타식 교육
□ 家庭教師 かていきょうし	가정교사
□ 模擬試験 もぎしけん	모의고사
□ 一夜漬 いちやづけ	벼락치기
□ 丸暗記 まるあんき	통째로 암기
□ 山やまが当あたる	예상이 적중하다
□ 山をかける	(시험·시합 등의) 결과를 추측하다
□ 学力向上 がくりょくこうじょう	학력 향상
□ 試験 しけんにすべる	시험에 미끄러지다
□ 涙なみだを飲のむ	눈물을 삼키다
□ 優等生 ゆうとうせい	우등생
□ 落おちこぼれ	학교 수업에 못 따라 가는 학생
□ 内申書 ないしんしょ	내신서
□ 受験地獄 じゅけんじごく	수험 지옥
□ 受験戦争 じゅけんせんそう	수험 전쟁
□ 志願 しがん	지원

□ 特待生 とくたいせい	특대생
□ 競争率 きょうそうりつ	경쟁률
□ 難易度 なんいど	난이도
□ 志望校 しぼうこう	희망하는 학교
□ 推薦入学 すいせんにゅうがく	추천 입학
□ 期待 きたいに応こたえる	기대에 부응하다
□ 期待を裏切うらぎる	기대에 어긋나다
□ プレッシャーをかける	압력을 넣다
□ 世間体 せけんてい	세상에 대한 체면
□ 気が気でない	제정신이 아니다
□ 眠気 ねむけを催もよおす	졸음이 오다
□ 疲つかれを癒いやす	피로를 풀다
□ 落おち込こむ	침울해지다
□ 心こころを落おち着つける	마음을 가라앉히다
□ はらはらする	조마조마하다
□ 辛抱強 しんぼうづよい	참을성이 많다
□ 粘ねばり強つよい	끈질기다
□ たまらない	참을 수 없다
□ もどかしい	답답하다, 안타깝다
□ 気掛 きがかり	마음에 걸림, 걱정
□ 不愉快 ふゆかいだ	불쾌하다
□ うんざり	지긋지긋하게
□ 上機嫌 じょうきげんだ	몹시 기분이 좋다

うきうき にほんご

06

いじめ

1 自殺未遂したり、転校した子が何人もいるそうです。

2 反省しているという雰囲気は微塵もありません。

3 あげくには「俺も身勝手な親の被害者だ」と言います。

4 私のことをいじめるんじゃないかと不安になります。

いじめっ子だった彼氏

mp3 **11**

　26才OLです。私には2年付き合った彼氏がいます。プロポーズや結納は
まだですが、2人の間で結婚話も出始めています。

　先日、彼の小学校時代の友人との飲み会に一緒に行きました。そこで私
は彼が小学校中学校とひどいいじめっ子だったことを知りました。彼氏に
いじめられて自殺未遂したり、転校した子が何人もいるそうです。その時
の彼のいじめの方法も聞きましたが、とても残酷で胸が苦しくなりました。

　あとで彼にくわしく聞くと両親が離婚して精神的に不安定になり、その
はけ口にいじめをしたんだそうです。でもその口調はいじめをしたことを
後悔しているとか反省しているという雰囲気は微塵もなく、むしろ武勇伝
のように語り、あげくには「俺も身勝手な親の被害者だ」的な自己弁護発言
までしていました。その時私の彼に対する気持ちは急速に冷めてしまいま
した。

　彼に正直に気持ちが冷めたことを告げると子供の頃のいじめのことで別
れると言う私の方がおかしいと言います。

　私は過去にいじめられたこともいじめたこともありません。でも人のこ
とをいじめた人って今後も気に入らなければ私のことをいじめるんじゃな
いかと不安になります。みなさんはどうしたらいいと思いますか。

□ いじめっ子 (약한 아이를 괴롭히는) 짓궂은 아이

□ 自殺未遂じさつみすい 자살 미수

□ 残酷ざんこくだ 잔혹하다

□ はけ口ぐち (울분 등을) 발산시킬 대상

□ 後悔こうかい 후회

□ 微塵みじんもない 추호도(조금도) 없다

□ 武勇伝ぶゆうでん 먹살잡이, 주먹다짐

□ 語かたる 말하다, 이야기하다

□ 被害者ひがいしゃ 피해자

□ 自己弁護じこべんご 자기 변호

□ 発言はつげん 발언

□ 告つげる 고하다, 알리다

PHRASE

1 いじめっ子

「〜子」는 특정한 성격의 아이를 나타내는 말이다.

예 かぎっ子　　　　　　　いたずらっ子
　いじめられっ子　　　　おばあちゃんっ子
　ちびっ子　　　　　　　テレビっ子

cf. ぶりっ子 / 売れっ子 / 江戸っ子 / 甥っ子

2 口調

「口調」는 '어조'라는 뜻으로, 말할 때의 특색을 나타낸다. 「語調」라고도 하며, 「演説口調」, 「命令口調」처럼 하나의 단어처럼 쓰이는 경우도 있다.

예 その子供は妙に大人びた口調で話した。
　うちの父は酔うと演説口調になる。
　「早く行きなさい」と彼は命令口調で言った。

3 あげくには

「あげくには」는 '결국', '끝내는'이라는 뜻의 부사로, 여러 행위를 거듭하여 바람직하지 않은 결과가 된 모양을 나타낸다. 부정적인 이미지가 있다.

예 田中先生は10年もの研究を重ねたあげく、新技術開発に成功した。(×)
　→田中先生は10年もの研究を重ねた末、新技術開発に成功した。(○)

52

4 身勝手(みがって)

「身勝手」는「自分勝手」와 같은 말로서 '제멋대로'라는 의미로 쓰인다. 「わがまま」와는 다른 뜻도 있으므로 주의한다.

예
わがままに育つ(○)	自分勝手に育つ(×)
わがままを言う(○)	自分勝手を言う(×)
順番をわがままに変える(×)	順番を自分勝手に変える(○)
わがままのし放題(○)	身勝手のし放題(×)
あの人はわがままだ(○)	あの人は身勝手だ(○)
わがままになる(○)	自分勝手になる(○)

5 気(き)に入(い)る

「気に入る」는 '마음에 들다'라는 뜻으로, 과거형으로 사용된다.

예 気に入りますか。(×) → 気に入りましたか。(○)
　　気に入る物がありますか。(×) → 気に入った物がありますか。(○)

mp3 **12**

リク。リクは昔いじめにあったことある?

あったよ。同じクラスのやつから鉛筆で小突かれたり、通信簿取られて見られたり、かばんの中にウンコが入ってたり。

それって陰湿すぎない? で、ずっと黙ってたの?

まさか。結局僕の方が切れて思い切りぶん殴ってやったよ。あいつしくしく泣いてたよ。

さすが。リクね。
そうでもしないともっとエスカレートするからね。

それっきり僕に会うとペコペコするようになったよ。
俺は弱い者いじめするやつは絶対に許せない。

単어　やつ 녀석, 놈, 자식 | 小突こづく 쿡 찌르다 | 通信簿つうしんぼ 성적표 | ウンコ 똥 | 陰湿いんしつだ 음침하다 | 黙だまる 가만히 있다 | 切きれる 매우 화를 내다 | ぶん殴なぐる 후려갈기다 | あいつ 저 녀석, 저놈, 그놈 | しくしく 훌쩍훌쩍 | エスカレートする 점점 심해지다 | それっきり 그 후로는 | ペコペコする 굽실거리다 | 弱よわい者もの 약자

FREE TALKING

- ◆ あなたがこの女性ならどうしますか。

- ◆ あなたはいじめる人にもいじめられる人にも問題があると思いますか。
  それともいじめる人が100%悪いと思いますか。

- ◆ みなさんの学生時代のいじめはどんな人をどんな形でいじめていましたか。

- ◆ あなたがもし会社や学校で特定の人からいじめられたらどう対処しますか。

- ◆ 学校側としてはいじめ防止についてどのように取り組んでいくべきだと思い
  ますか。

□ 人権蹂躙 じんけんじゅうりん	인권 유린	
□ 虐待 ぎゃくたい	학대	
□ 暴力 ぼうりょく を振 ふるう	폭력을 휘두르다	
□ 侵害 しんがい	침해	
□ 加害者 かがいしゃ	가해자	
□ 被害者 ひがいしゃ	피해자	
□ 強者 きょうしゃ	강자	
□ 復讐 ふくしゅう	복수	
□ 横行 おうこう する	(악이) 활개치다	
□ 明 あかるみに出 だす	공개하다	
□ 明るみに出 る	밝혀지다	
□ 誹謗中傷 ひぼうちゅうしょう	비방 중상	
□ はやし立 たてる	놀려대다	
□ からかう	놀리다	
□ 冷 ひやかし	놀림, 조롱	
□ 横取 よこどり	가로챔	
□ 言いつける	명령하다, 고자질하다	
□ 脅 おどし	협박, 공갈	
□ 言 いい掛 かりをつける	트집 잡다, 시비를 걸다	
□ しかと	사람을 무시하는 일	
□ つねる	꼬집다	
□ 仲間外 なかまはずれにされる	따돌림을 당하다	
□ 逆 ぎゃくギレする	잘못한 사람이 역으로 화를 내다	
□ 措置 そち	조치	
□ 阻止 そし	저지	
□ 放置 ほうち	방치	
□ 偏見 へんけん	편견	

□ 正義感 せいぎかん	정의감
□ 嫉妬 しっと	질투
□ 誘発 ゆうはつ	유발
□ 逆 さからう	반항하다
□ 嫌悪感 けんおかん	혐오감
□ むかつく	화가 치밀어 오르다
□ 怒 いかりを押 おさえる	분노를 억누르다
□ 刑事責任 けいじせきにん	형사 책임
□ 民事 みんじ	민사
□ 損害賠償 そんがいばいしょう	손해 배상
□ 慰謝料 いしゃりょう	위자료
□ 卑怯 ひきょうだ	비겁하다
□ 最低 さいてい	저질스러움, 최악
□ 臆病 おくびょうだ	겁이 많다
□ しつこい	끈질기다, 집요하다
□ 軽薄 けいはくだ	경박하다
□ 過激 かげきだ	과격하다
□ 深刻 しんこくだ	심각하다
□ 屈辱的 くつじょくてきだ	굴욕적이다
□ 不祥事 ふしょうじ	불상사
□ 主導権 しゅどうけん	주도권
□ 強要 きょうよう	강요

うきうき にほんご

07

体罰

주요문형 1 ひたすら延々と書き写しさせる行為をさせられています。

주요문형 2 字が汚いと一からやり直しさせられます。

주요문형 3 苦しくなって手を止めると怒られます。

주요문형 4 中指のペンダコが水脹れになってしまいました。

주요문형 5 補習ではなく、体罰に相当することだと思います。

これって体罰？

mp3 13

こんにちは！ 私立の共学に通う高校3年女子です。受験も控えている中、補習の内容に不満を感じています。

数学の定期テストで80点を下回った生徒に対し、「ペナルティ」と称し、膨大な量の問題と答えをひたすら延々と書き写しさせる行為をさせられています。

連日居残りで4時から7時まで、数学分野1を100題×5セット(500問)数学分野2を60題×5セット(300問)、テストのたびに書き取りさせられ、B4用紙に表裏何十枚という量を小さな字で、びっしり、連日書き続けさせられます。

1枚書き切ると先生に見せ、字が汚いと一からやり直し、期日までにできないとセット数が倍になります。(泣)

先生の監視があり、苦しくなって手を止めると怒られます。日、祝日も登校して1日中やります。

このところ腱鞘炎がひどく、手の甲や肘、肩の恒常的な痛み、また右手の中指のペンダコが水脹れになってしまいました。

これは補習ではなく、体罰に相当することだと思います。同じような経験をされた方いらっしゃいますか。

WORD

- 体罰たいばつ 체벌
- 補習ほしゅう 보충수업
- ペナルティ 패널티
- 称しょうする 칭하다, 일컫다
- ひたすら 오로지, 오직, 단지
- 延々えんえんと (일이나 이야기 등이) 아주 길게 이어지는 모양, 장장
- 書かき写うつし (그림·글씨 등을) 베껴 씀
- 行為こうい 행위
- 連日れんじつ 연일
- 居残いのこり 남이 돌아간 뒤에도 남아 있는 일, 또는 그 사람

- びっしり 빈틈없이 들어찬 모양, 꽉, 빽빽이
- やり直なおす (처음부터) 다시 하다
- 監視かんし 감시
- 手を止とめる 손을 멈추다
- このところ 요새, 최근
- 腱鞘炎けんしょうえん 건초염, 힘줄을 싸고 있는 막에 생기는 염증
- 手の甲こう 손등
- 肘ひじ 팔꿈치
- 恒常的こうじょうてき 항상의
- ペンダコ 펜을 쥐는 손가락에 생기는 굳은살
- 水脹みずぶくれ 물집이 생김, 또는 물집

1 私立

「私立」와「市立」모두「しりつ」라고 읽기 때문에 구분하기 위해서「私立」를「わたくしりつ」라고 읽는 경우가 많다.

cf. 科学(かがく)
　　 化学(かがく) → ばけがく

2 控える

「控える」라는 동사는 '타동사'와 '자동사'의 두 가지 성질이 있는데, 본문에서는 타동사로서 '앞두다'라는 뜻으로 쓰였다.

예　大学入試を明日に控える。
　　総選挙を控えて政治家たちは個々のイメージチェンジを図ろうとしている。

이외에도「控える」에는 '억제하다', '삼가다', '줄이다', '보류하다', '유보하다', '기록하다', '메모하다'와 같이 많은 뜻이 있으므로 문맥을 보고 잘 판단해야 한다.

예　授業中わからないところがあったら、ノートに控えておいてください。
　　今日から当分の間酒を控えた方がいいです。
　　今回の件につきましては、発言を控えさせていただきます。

3 切る

「동사 ます형+切る」는 '다 ～하다', '끝까지 ～하다'라는 뜻이다. 단, 「切る」앞에 오는 동사가 의지동사인 경우에는 정해진 분량을 다한다는 뜻으로 쓰인다.

예　田中さんは15キロの距離を走り切った。(○)
　　田中さんは競技場を走り切った。(×)

한편 가능형의 부정 형태인「～切れない」는 '다 ～하지 못하다', '끝까지 ～못하다'의 뜻으로, 불가능한 정도를 강조할 수 있다.

예　このラーメンは量が多すぎて食べ切れない。
　　単語の数が多すぎて明日までに覚え切れない。

4 一から
_{いち}

「一から」는 '처음부터'라는 뜻으로, 제로부터 시작한다는 뉘앙스를 지니고 있다.

예 会社をやめてまた一から出直してきます。

新しい土地に行って一から始めようと思っています。

離婚をして人生一からやり直しました。

cf. この患者は一から十まで介護を必要としています。

5 直す
_{なお}

「동사 ます형+直す」는 '고쳐 ~하다', '다시 ~하다'라는 뜻이다.

예 人生を見つめ直すために一ヶ月の旅に出掛けようと思います。

田中さん、口直しに飲み直しましょう。

パーマ、気に入らないなら掛け直したらどうですか。

DIALOGUE

mp3 **14**

タケシは今まで先生から叩かれたり、殴られたりしたことある?

うん、あるよ。中学生の時、国語の時間にちらっと窓の外見たら、いきなり先生が近づいてきてほっぺたをピンタされたことあるよ。

え? ピンタ? ひどーい。
今そんなことしたら父兄会が黙ってないわよ。

でも何でそんなこと聞くの? 何かあったの?

知り合いの娘が学校の補習の時間にいつも点数悪いって
何十枚も書き取りさせられているんだって。
指が水脹れになるほどだってよ。

でも、叩かれたわけじゃないから、体罰ではなくてただの
罰じゃないのかな?

でも、それって絶対
悪質ないじめよ。
それじゃ、その子
かわいそうよ。

단어　叩たたかれる 맞다 | 殴なぐられる 구타당하다 | ほっぺた 볼, 뺨 | ピンタ 따귀를 침 | 父兄会ふけいかい 학부모회 | 罰ばつ 벌

FREE TALKING

◆ 会話文の内容は体罰に相当すると思いますか。
   また、先生がさせている行為についてどう思いますか。

◆ 学校内で教師が体罰を加えることについてどう思いますか。
   また、家庭内で親が子供に対して体罰を与えることをどう思いますか。

◆ あなたは今まで人から叩かれたり殴られたりしたことがありますか。
   あった人はそれはどうしてですか。

◆ 学校時代にどんなことをしたら、先生がどんな罰を与えていましたか。

◆ 体罰には当たらなくても学校や会社などでこれはちょっと酷すぎるのではな
   いかと思われることがありますか。

VOCABULARY

□ 鞭むち	채찍, 회초리, 매
□ 体罰たいばつを加くわえる	체벌을 가하다
□ 罰則ばっそく	벌칙
□ 廊下ろうかに立たたせる	복도에 세우다
□ げんこつ	주먹
□ 平手打ひらてうち	손바닥으로 때리기
□ 暴言ぼうげんを吐はく	폭언을 내뱉다
□ 殴打おうだ	구타
□ 傷害事件しょうがいじけん	상해 사건
□ 傷害致死しょうがいちし	상해 치사
□ 負傷ふしょうする	부상을 입다
□ 痛いたみを伴ともなう	통증을 수반하다
□ 人格無視じんかくむし	인격 무시
□ 羞恥心しゅうちしん	수치심
□ 鬱憤うっぷんばらし	울분을 풀기
□ 感情かんじょうのはけ口ぐち	감정을 발산할 대상
□ 過失かしつ	과실
□ 診断書しんだんしょ	진단서
□ 有罪ゆうざい	유죄
□ 懲戒免職ちょうかいめんしょく	징계면직
□ 処分しょぶん	처분
□ 軽微けいびだ	경미하다
□ 抵抗ていこう	저항
□ 非難ひなんする	비난하다
□ 非難を浴あびる	비난을 받다
□ 失墜しっつい	실추

□ 隠蔽いんぺい	은폐
□ 発覚はっかくする	발각되다
□ 人権じんけんを尊重そんちょうする	
	인권을 존중하다
□ 人権擁護じんけんようご	인권 옹호
□ 不利益ふりえきを被こうむる	불이익을 당하다
□ 正当化せいとうかする	정당화하다
□ 許容範囲きょようはんい	허용 범위
□ 引ひき金がねになる	계기·원인이 되다
□ 連帯責任れんたいせきにん	연대 책임
□ 理性的りせいてき	이성적
□ 倫理的りんりてき	윤리적
□ 道義的どうぎてき	도의적
□ 合法的ごうほうてき	합법적
□ 非合法的ひごうほうてき	비합법적
□ 理不尽りふじんだ	도리에 맞지 않다, 불합리하다
□ 醜みにくい	추하다, 보기 흉하다

うきうき にほんご

LESSON

학습목표
버릇에 관해 이야기하기

08

癖

주요
문형1 今春乳癌の手術をし、自宅療養中です。

주요
문형2 乳房を失った喪失感など一切ありません。

주요
문형3 何とか悪い癖を直したくてペンを執りました。

주요
문형4 何かにつけて、心の中でつぶやいています。

주요
문형5 私のような愚か者のために一肌脱いでください。

影響されやすい癖を直したい

mp3 15

　長く仕事を続けてきましたが、今春乳癌の手術をし、自宅療養中です。乳房を失った喪失感など一切なく、人間としてたくましくなった気がします。これまでも人に依存しないよう、クールに生きてきました。でも、何とか悪い癖を直したくてペンを執りました。

　実は私は単純な性格なのです。例えば、酒のコマーシャルがテレビで流れると、すぐその酒を買いたくなるタイプです。企業側は「カモ」とほくほく顔でしょう。

　あるタレントがテレビに出ると何回も何回も同じような内容のファンレターを出してしまいます。今は、お笑いタレントのギャグに影響されており、何かにつけて、心の中でつぶやいています。

　何かにのめり込んでしまうこんな癖は直らないものでしょうか。バカな悩みですが、私のような愚か者のために一肌脱いでください。

WORD

- 今春こんしゅん 올봄, 금년 봄
- 乳癌にゅうがん 유방암
- 療養りょうよう 요양
- 乳房ちぶさ 유방
- 喪失感そうしつかん 상실감
- 一切いっさい 일체, 전혀
- たくましい 힘차다, 강인하다
- 依存いぞん 의존
- ペンを執とる 펜을 들다
- カモ 봉

- ほくほく顔がお (흡족하여) 기쁜 얼굴
- お笑わらいタレント 코미디언, 개그맨
- 何かにつけて 무슨 일이 있을 때마다
- つぶやく 중얼대다
- のめり込こむ 빠져들다
- 愚おろか者もの 바보, 멍텅구리
- 一肌ひとはだ脱ぬぐ 자기 일처럼 힘써 도와주다

1 クール

「クール」는 영어 'cool'에서 온 말로, 「クールな人」라고 하면 '항상 냉정한 태도를 잃지 않는 사람'이라는 뜻이 된다. 그 외에도 「クールだ」는 '근사하다', '멋있다'의 뜻으로도 사용된다.

2 何^{なん}とか

「何とか」는 '어떻게 좀', '어떻게든' 등의 뜻으로 쓰인다. 「何とか」를 '뭐랄까'라는 뜻으로 잘못 쓰는 학습자들이 종종 있지만, '뭐랄까'는 「何と言うか」라고 한다는 점에 주의해야 한다.

3 カモ

「カモ」는 원래 '물오리'를 나타내는 말인데, '이용하기 쉬운 상대나 잘 속아 넘어가는 사람'을 나타내기도 한다.

cf. きつね 사람을 교묘하게 속이는 사람

たぬき (나이가 들어서) 교활하고 음흉하고 능청스러운 사람

4 ほくほく顔^{がお}

「ほくほく」는 생각치도 않은 뜻밖의 행운이 찾아와서 기쁨을 금할 수 없는 모양을 나타내는 말이다.

예 変顔へんがお 이상한 표정을 지은 얼굴

仏顔ほとけがお 부처와 같이 유화하고 자비스러운 얼굴, 죽은 사람의 얼굴

真顔まがお 진지한 표정, 정색

泣なき顔がお 우는 얼굴

赤あから顔がお 붉그스레한 얼굴

新顔しんがお 신상

素顔すがお 맨 얼굴

5 何かにつけて
<ruby>何<rt>なに</rt></ruby>かにつけて

「何かにつけて」는 부사적으로 쓰이는 표현으로, '여러 가지 면에서', '무슨 일이 있을 때마다'의 뜻이 있다. 「何かにつけ」라고도 한다.

6 愚か者
<ruby>愚<rt>おろ</rt></ruby>か<ruby>者<rt>もの</rt></ruby>

「愚か者」는 「愚かな者(어리석은 사람)」라는 뜻이다. 「○○者」의 형태로 쓰이는 표현들을 알아보자.

예 小心者しょうしんもの　소심한 사람

臆病者おくびょうもの　겁쟁이

卑怯者ひきょうもの　비겁자

無精者ぶしょうもの　게으름뱅이

横着者おうちゃくもの　게으름뱅이

うっかり者もの　멍청이, 깜빡해서 자주 잊는 사람

正直者しょうじきもの　정직한 사람

馬鹿者ばかもの　얼빠진 못난이

頑固者がんこもの　완고한 사람

軟弱者なんじゃくもの　나약한 사람

ならず者もの　불량배, 무뢰한

DIALOGUE

mp3 **16**

私ってどうして人の話をすぐ鵜呑みにしちゃうのかな？

え？ それ、どういうこと？ 誰かにだまされたの？

違うの。CM見てるとそれが妙に素敵に見えてくるのよ。

ああ。それでついつい余計な物を買っちゃうってわけ？

うん。タレントなんかもすぐ好きになっちゃって

年がいもなくファンレター出しちゃったりするのよ。

それってハルナが純粋で素直だからだよ。

そう？ そう言ってくれると嬉しいわ。

ほら、見ろ。すぐ鵜呑みにするんだから。

単어　鵜呑うのみにする 그대로 믿다 | だまされる 속다 | 妙みょうに 묘하게 | つい 무의식 중에, 자신도 모르게, 그만 | 余計よけいだ
쓸데없다 | 年としがいもない 나잇값도 못하다 | 純粋じゅんすいだ 순수하다 | 素直すなおだ 순진하다, 솔직하다, 순수하다

70

FREE TALKING

◆ この人の影響されやすいところは悪い癖だと思いますか。
　また、この場合どうしたらいいと思いますか。

◆ あなたに癖がありますか。
　また、人から癖について言われたことがありますか。

◆ あなたの家族に癖のある人がいたら話してください。

◆ どんな癖のある人が嫌いですか。

◆ 今までテレビのコマーシャルの影響を受けて物を買ったことがありますか。

*VOCABULARY

□ 酒癖さけぐせ	술버릇	□ 足あしを組くむ	다리를 꼬다
□ 寝癖ねぐせ	잠버릇	□ 頬杖ほおづえをつく	손으로 턱을 괴다
□ 口癖くちぐせ	입버릇	□ 貧乏揺びんぼうゆすり	다리를 떠는 것
□ 盗癖とうへき	도벽	□ 指ゆびしゃぶり	손가락을 빪
□ なまけ癖ぐせ	게으른 버릇	□ 左利ひだりきき	왼손잡이
□ さぼり癖ぐせ	게으름을 피우는 버릇	□ おねしょ	잠을 자면서 오줌을 쌈
□ 手癖てぐせ	손버릇	□ 落おち着つきがない	안절부절못하다
□ 女癖おんなぐせ	여자에게 집적대는 버릇	□ 過食かしょく	과식
□ 病癖びょうへき	병적인 나쁜 버릇	□ 偏食へんしょく	편식
□ 悪癖あくへき	나쁜 버릇	□ 浪費ろうひ	낭비
□ 悪習あくしゅう	악습		
□ 習癖しゅうへき	버릇	□ 癖くせをつける	버릇을 들이다
□ 物忘ものわすれ	건망증	□ 癖がつく	버릇이 들다
□ 出癖でぐせ	외출 습관, 나다니는 버릇	□ 癖を直なおす	버릇을 고치다
□ かみ癖ぐせ	물어뜯는 버릇	□ 一癖ひとくせも二癖ふたくせもある	
□ 収集癖しゅうしゅうへき	수집하는 버릇		버릇이 많다, 성깔이 있다
□ 足癖あしくせ	앉음새나 걸음걸이의 버릇	□ 自己嫌悪じこけんおに陥おちいる	
□ 読よみ癖くせ	그 사람 특유의 읽는 버릇		자기혐오에 빠지다
□ 奇癖きへき	기벽	□ みっともない	추하다, 보기 흉하다
□ 放浪癖ほうろうへき	방랑벽	□ 見みた目めによくない	보기에 좋지 않다
□ 情緒不安定じょうちょふあんてい	정서 불안		
□ 難癖なんぐせをつける	트집을 잡다		
□ 独ひとり言ごとを言いう	혼잣말을 하다		
□ 指ゆびをポキポキ鳴ならす	손가락으로 뚜두둑 소리를 내다		
□ 鼻はなをほじる	코를 후비다		
□ 爪つめを噛かむ	손톱을 깨물다		
□ 髪かみの毛けをいじる	머리카락을 만지다		
□ 臭においを嗅かぐ	냄새를 맡다		
□ 頭あたまをかく	머리를 긁다		

うきうき にほんご

LESSON

학습목표
결벽증에 관해 이야기하기

09

潔癖症

주요
문형 1 もちろん食べこぼしや汚れなどついていません。

주요
문형 2 「洗わないと余計イライラする」の一点張りです。

주요
문형 3 特段生活に支障があるわけでもありません。

주요
문형 4 全く自分の意見を曲げない妻に疲れてきました。

　僕は34歳、妻は29歳、3歳の娘がいます。

　妻は何でもすぐに洗濯します。セーターなど直接肌に触れるものでなくても、必ず1度着たら洗濯します。もちろん食べこぼしや汚れなどついていません。

　ベッドのシーツなど大きいものの洗濯頻度も多く、3人家族なのに10人家族のような洗濯風景です。また毎朝非常に念入りな風呂掃除＆ばっちりメイクを終えてからでないと出かけないため、休みの日に午前中に出かけるのは困難です。休日は僕も干すのを手伝いますが、量がすごいのでそれでもやはり11時半ごろになってしまいます。

　何度も話し合ったのですが、「洗わないと余計イライラする」の一点張りで話し合いは平行線です。妻は潔癖症を自覚しており、心療内科にも通っていますが、電車のつり革に触れないような潔癖症ではなく、特段生活に支障があるわけでもないため、本人もあまり治す気がないように見えます。

　「きれい好きなんだからいいか」と自分を納得させてきましたが、最近は全く自分の意見を曲げない妻に疲れてきました。妻に何と言えば事態が改善するでしょうか。

WORD

- 肌はだに触ふれる 피부에 닿다
- 食たべこぼし 먹다 흘림
- 汚よごれ 더러운 부분, 때
- 頻度ひんど 빈도
- 念入ねんいり 정성들여 함, 공을 들임
- 一点張いってんばり 한 가지만으로 일관함, 외곬
- 平行線へいこうせん 평행선
- 自覚じかく 자각
- 心療内科しんりょうないか 신경정신과
- 特段とくだん 특별, 각별

- 支障ししょう 지장
- きれい好ずき 깨끗한 것을 좋아하는 성질, 또는 그런 사람
- 意見いけんを曲まげる 의견을 굽히다
- 事態じたい 사태
- 改善かいぜん 개선

1 潔癖症
<small>けっぺきしょう</small>

「潔癖症」는 「潔癖性」나 「不潔恐怖症」라고도 한다. 「○○症」의 형태가 되는 표현을 알아보자.

> **예** 認知症　　感染症　　不妊症　　熱中症
> 　　自閉症　　脱毛症　　過食症　　拒食症
> 　　不眠症　　依存症　　多汗症　　合併症

2 ばっちり

「ばっちり」는 원래 '빈틈없이 완벽한 모양'을 나타내는 말인데, 그 외에도 '결과가 잘 되었을 때의 모양'도 나타내기도 한다.

> **예** 今日の試験はばっちりだった。
> 今月の業務成績はばっちりだった。

3 干す
<small>ほ</small>

「干す」는 '햇빛이 잘 드는 곳이나 바람이 잘 통하는 곳에 두고 말리다'라는 뜻이다. 보다 적극적인 방법을 강구해서 말리는 경우에는 「乾かす」라고 한다.

> **예** 濡れた服を物干し竿に干す。
> 濡れた服をドライヤーで乾かす。

4 余計
<small>よけい</small>

「余計」는 '여분', '쓸모없음'의 뜻과 '더욱', '한층 더'의 두 가지 의미로 쓰이는데, 후자의 의미로 사용할 때는 '그렇지 않아도 그 경향이 인정되는데, 그 사정 때문에 정도가 더 심해지다'라는 뜻을 나타낸다.

> **예** たばこを吸うなと言われると余計吸いたくなる。
> 糖尿病なので甘いものを食べるときは余計気になる。

5 つり革

「つり革」는 전철이나 버스에 달려 있는 '손잡이'를 가리키는 말이다. 다른 것에 달려 있는 손잡이는 물건에 따라 명칭이 다르므로 주의한다.

> 예 ドアのノブ
> コーヒーカップの取っ手
> 包丁の柄の部分が折れてしまった。
> ふたのつまみの部分が外れてしまいました。

6 わけでもない

「～わけではない」, 「～わけでもない」는 술어를 부정하여 다른 것과 대비시키는 표현이다. 동사와 い형용사는 기본형, な형용사는 「어간+な」로 연결된다.

> 예 彼の頭は悪いわけではない。

한편, 보어를 부정하여 다른 것과 대비시킬 때에는 「～のではない」를 쓴다.

> 예 私は昨日田中さんと東京にいたのではない。名古屋にいたのだ。

mp3 **18**

ねえ。ミサトはセーターとか一度着たらすぐ洗っちゃう？

そんなわけないでしょ。最低3、4回は着てから洗うわよ。

そうだろ。うちのやつって一回しか着てないのにすぐ洗おうと
するんだよ。

それって一種の不潔恐怖症じゃないかしら。

でも、たまったもんじゃないよ。

昨日だって洗濯物干すのに一時間半もかかったんだぜ。

干すだけでくたくただよ。

でも体臭の染み付いた服着なくても済むから感謝しなきゃ。

俺、不潔恐怖症じゃなくて洗濯恐怖症になっちゃったよ。

단어　**最低**さいてい 최소한 ｜ **一種**いっしゅ 일종 ｜ **不潔恐怖症**ふけつきょうふしょう 불결 공포증 ｜ **たまったもんじゃない** 견딜 수 없
다 ｜ **くたくた** 녹초가 되다, 지치다 ｜ **体臭**たいしゅう 체취 ｜ **染しみ付つく** 배다, 찌들다

FREE TALKING

다음 질문을 하고 상대방의 대답을 적어 보세요.

◆ 奥さんの様子についてどう思いますか。

◆ このご主人としてはこれからどうしていったらいいと思いますか。

◆ これだけはいつもきれいにしておかないと気が済まないような体の部分や物 などがありますか。

◆ 外などで物を触ったり使ったりするときに何となく不潔に感じることがあり ますか。また、どんな物を触ったり使ったりするときに気になりますか。

◆ 公衆トイレで用を足した後ティッシュがないことに気づいたらどうしますか。

VOCABULARY

□ 通院つういん	통원	
□ 処方しょほう	처방	
□ 服用ふくよう	복용	
□ 異臭いしゅうを放はなつ	이상한 냄새를 풍기다	
□ バイ菌きん	세균	
□ 除菌じょきん	살균	
□ 抗菌こうきん	항균	
□ カビが生はえる	곰팡이가 피다	
□ 染しみがつく	얼룩이 지다	
□ ウィルス	바이러스	
□ ダニ	진드기	
□ ノミ	벼룩	
□ ゴキブリ	바퀴벌레	
□ 動物の糞ふん	동물의 똥	
□ 脱臭だっしゅう	탈취	
□ 防虫ぼうちゅう	방충	
□ 免疫めんえき	면역	
□ 疾患しっかん	질환	
□ 衛生的えいせいてき	위생적	
□ 副作用ふくさよう	부작용	
□ 症状しょうじょう	증상	
□ 嫌気いやけが差さす	싫증이 나다, 지겹다	
□ 気分きぶんが沈しずむ	기분이 가라앉다	
□ 恐おそれを抱いだく	공포심을 갖다	
□ 身みの毛けがよだつ	소름이 끼치다	
□ 不安感ふあんかん	불안감	
□ トラウマ	트라우마	
□ 心こころの病やまい	마음의 병	
□ 強迫観念きょうはくかんねん	강박 관념	

□ 対人関係たいじんかんけい	대인 관계
□ 対処方法たいしょほうほう	대처 방법
□ しつけ	예의범절을 가르침
□ 直面ちょくめんする	직면하다
□ 克服こくふくする	극복하다
□ 緩和かんわする	완화하다
□ 妨害ぼうがいする	방해하다
□ 接触せっしょく	접촉
□ 接近せっきん	접근
□ 個人差こじんさ	개인차
□ 障害しょうがい	장애
□ 繊細せんさいだ	섬세하다
□ 完璧かんぺきだ	완벽하다
□ 清潔せいけつだ	청결하다
□ 慎重しんちょうだ	신중하다
□ 几帳面きちょうめんだ	꼼꼼하다
□ 厳格げんかくだ	엄격하다
□ 情なさけない	한심하다
□ 致命的ちめいてき	치명적
□ 典型的てんけいてき	전형적
□ 飛躍的ひやくてき	비약적
□ 慢性的まんせいてき	만성적

うきうき にほんご

LESSON

학습목표
애완동물에 관해 이야기하기

10

ペット

주요문형 **1** おとなしい小型犬を飼い主さんが抱っこした状態です。

주요문형 **2** ソファーにワンちゃんを平然と乗せてしまいます。

주요문형 **3** 犬嫌いの方はさぞ怖い思いをされていると思います。

주요문형 **4** 常識だからわざわざ表示はしないです。

犬連れで入店

町中の小さな郵便局の窓口で働いております。

ワンちゃんを連れたまま郵便局内に立ち入られるお客様がここ数年で格段に増えたように思います。

大抵がおとなしい小型犬を飼い主さんが抱っこした状態ですので、局内を駆け回ったりということはないのですが、筆記台やお客様用ソファーにワンちゃんを平然と乗せられてしまうのには少々閉口しています。

ほぼ同じ高さに抱っこされた赤ちゃんとワンちゃんがすれ違う時は、見ているこちらがハラハラしてしまいますし、お客様が10人も入れば窮屈に感じるような局ですので、犬嫌いの方はさぞ怖い思いをされていると思います。

確かに当局では「犬禁止」の表示はしていないのですが、「常識だからわざわざ表示はしない」ということだと私は思っていたので少々困惑しています。上司に相談して、盲導犬以外禁止の表示をしようかと検討中ですが、これってお客様のニーズに逆行してる？ とちょっとよくわからなくなってきてしまいました。

犬連れでお店などに入られる方のお気持ち、それを見ての他の方々のお気持ち、店側へ望む対応などお聞かせいただけたらと思います。

WORD

- 入店にゅうてん 손님이 점포에 들어감
- 窓口まどぐち 창구
- 立たち入いる 안으로 들어가다
- 格段かくだんに 각별히, 유달리
- 飼かい主ぬし 가축이나 애완동물을 기르는 사람
- 平然へいぜんだ 태연하다
- 閉口へいこうだ 난처하다, 질리다
- すれ違ちがう 스쳐 지나가다, 서로 엇갈리다
- ハラハラ 조마조마
- さぞ 틀림없이, 아마, 필시
- 困惑こんわく 곤혹, 난처함
- 盲導犬もうどうけん 맹도견
- 検討けんとう 검토
- 対応たいおう 대응

PHRASE

1 町中

「町中」를 「まちなか」라고 읽으면 '시가지', '번화가'를 나타내지만, 「まちじゅう」라고 읽으면 '온 동네', '온 시내'라는 뜻이 된다.

2 抱っこする

「抱っこする」는 「抱く」의 유아적 표현이다. 참고로 「おぶる」의 유아적 표현은 「おんぶする」이다.

3 駆け回る

「駆け回る」는 「駆ける」와 「回る」가 결합된 복합동사로서, '이리저리 뛰어다니다'라는 뜻이다. 일반적으로 「동사+回る」의 형태로 쓰이면 일정한 범위 내를 이동함을 나타내는 경우가 많다.

> 例　走り回る　　　　　　　　　持ち回る

4 さぞ

본문에서 「さぞ」는 사람의 마음이나 감정을 추측해서 동정심을 가지거나 공감을 하는 뜻으로 쓰였다. 「さぞ[さぞかし]~(こと)だろう」의 형태로 쓰이는 경우가 많다.

> 例　念願の東京大学に合格してさぞ嬉しいことだろうと思う。

5 思いをする

앞에 「思い」를 수식하는 용언을 붙여서 '~한 경험을 하다'라는 뜻으로 쓰인다.

> 例　高校時代授業中おならをして恥ずかしい思いをしたことがある。
> 　　訪問販売のため嫌な思いをしました。
> 　　悪夢が現実になるという恐ろしい思いをしたことがある。
> 　　3年前エベレスト山に登ったときは死ぬような思いをした。

6 表示
<small>ひょうじ</small>

「表示」는 '표시'의 의미로 쓰이는 경우도 많으나, 한국어 그대로 일본어로 바꾸면 의미가 통하지 않는 경우도 있다.

예 肝臓が悪くなっても表示がでない。→ 肝臓が悪くなっても表に表れない。(○)
　　顔に傷跡があるが化粧すれば全く表示が出ない。
　　→ 顔に傷跡があるが化粧すれば全くわからない。(○)

7 わざわざ

「わざわざ」는 '하지 않아도 되는 일을 특별히 하다'라는 뜻으로 쓰이는 데 비해, 「わざと」는 고의성이 있는 경우에 쓰인다.

예 雨が降っているのにわざわざお越しいただき、ありがとうございます。
　　わざわざ遠くのスーパーまで買い物に行ったのに、その日に限って休みだった。
　　犯人はわざと車をぶつけて逃走した。

DIALOGUE

mp3 **20**

👧 この前、近所の郵便局に行ったら犬抱いて入ってきたのよ。

失礼しちゃうわ。全く。

👨 でも僕はワンちゃん大好きだから大して気にならないけ

どね。

👧 私みたいに動物嫌いでアレルギー持っている人もいるのよ。

👨 確かにそうだね。ちょっと考え物かな。

でもお年寄りにはかけがえのない家族だからね。

何とも言い難いところだね。

👧 あ、そうだ。

郵便局にも動物入れるロッカー作ればいいのよ。

👨 えー、そしたらキャンキャン鳴かれてそれこそ迷惑だよ。

👧 それもそうね。

んー、何かいい対策

ないかしら。

단어　大たいして 그다지, 별로 ｜ アレルギー 알레르기 ｜ 考かんがえ物もの 잘 생각해야 할 일 ｜ お年寄としより 노인 ｜ かけがえのな

い 둘도 없는 ｜ 言い難がたい 말하기 어렵다 ｜ キャンキャン 강아지가 짖는 소리 ｜ 鳴なく (새・짐승 등이) 울다

FREE TALKING

다음 질문을 하고 상대방의 대답을 적어 보세요.

- あなたは郵便局のようなところに誰かが犬を抱いて入ってきたら不快な気持ちになりますか。また、郵便局ではなく飲食店だったらどうですか。

- 今まで何かを飼ったことがありますか。また、これから飼ってみたい動物がいますか。

- 社会的にもペットを勝手に捨ててしまうことが問題になっているようですが、その原因は何だと思いますか。

- ペットを飼うことの面白さや大変さはどんなところにあると思いますか。

- あなたは犬と猫とではどちらが飼いやすいと思いますか。また、それはどうしてですか。

✿ VOCABULARY

□ ペット	애완동물
□ 愛犬あいけん	애견
□ 老犬ろうけん	노견, 늙은 개
□ 飼かう	기르다, 키우다
□ ドッグフード	도그 푸드
□ キャットフード	캣 푸드
□ 首輪くびわ	개 목걸이
□ 犬小屋いぬごや	개집
□ 水槽すいそう	수조
□ えさ	모이, 먹이, 사료
□ 噛かみつく	달려들어 물다
□ 愛嬌あいきょうを振ふりまく	애교를 떨다
□ ねだる	조르다
□ 添そい寝ねする	곁에 바싹 붙어 자다
□ 人見知ひとみしりする	낯을 가리다
□ 唸うなる	으르렁거리다
□ デリケートだ	섬세하다
□ 気きの毒どくだ	딱하다, 가엾다
□ 利口りこうだ	영리하다, 똑똑하다
□ 臭くさい	냄새가 나다, 구리다
□ 愛いとしい	귀엽다, 사랑스럽다
□ 予防接種よぼうせっしゅ	예방 접종
□ 狂犬病きょうけんびょう	광견병
□ 伝染病でんせんびょう	전염병
□ 寿命じゅみょう	수명
□ 避妊手術ひにんしゅじゅつ	피임 수술
□ 去勢手術きょせいしゅじゅつ	거세 수술
□ 発情期はつじょうき	발정기
□ 交尾こうび	교미

□ オス	수컷
□ メス	암컷
□ 寄生虫きせいちゅう	기생충
□ ノミ	벼룩
□ ダニ	진드기
□ 臭においがする	냄새가 나다
□ 嗅覚きゅうかくが発達はったつしている	
	후각이 발달하다
□ 寂さびしさを慰なぐさめる	외로움을 달래다
□ 愛情あいじょうを注そそぐ	애정을 쏟다
□ 命いのちを尊とうとぶ	생명을 존중하다
□ 観賞かんしょうする	관상하다
□ 興味きょうみを惹ひかれる	흥미가 끌리다
□ ペットに馴染なじむ	애완동물에 친숙해지다
□ 不向ふむき	기호·성질에 맞지 않음
□ 危険きけんが伴ともなう	위험이 따르다
□ 哺乳類ほにゅうるい	포유류
□ 爬虫類はちゅうるい	파충류
□ 両生類りょうせいるい	양서류
□ 鳥類ちょうるい	조류
□ 魚類ぎょるい	어류
□ 昆虫こんちゅう	곤충
□ 家畜かちく	가축
□ 繁殖はんしょく	번식
□ 放はなし飼がい	방목, 놓아기름
□ 飼育しいく	사육

LESSON

학습목표
노후에 관해 이야기하기

11

老後の生活

주요 문형 1 いじめがきっかけで人間関係が苦手になりました。

주요 문형 2 勉強を頑張り、進学や就職は希望通りにできました。

주요 문형 3 自分から声を掛けて人の輪に入っていきます。

주요 문형 4 自分を磨けば、人は自然と寄ってきます。

주요 문형 5 実らないのは、よほど私の性格が悪いのでしょうか。

　小学生のころのいじめがきっかけで、人間関係が苦手になりました。その分、勉強を頑張り、進学や就職は希望通りにできました。結婚後退社し、パート勤めをしています。

　家族の仲は、普通です。一生やっていきたい趣味もあります。しかし、友人がほとんどいません。

　「自分から声をかけて人の輪に入っていく」「自分を磨けば、人は自然と寄ってくる」ということをよく聞きます。50年間努力してきたつもりですが、実らないのは、よほど私の性格が悪いのでしょうか。人に好かれる性格というのは、生まれつきなのでしょうか。

　さて、相談は、これからの人生の心構えです。これまで生きてきた時間より、残りは少なくなってきました。これから、自分の性格が変わり、友人が増えるとは思えません。

　友人のいない老後を、どう過ごしていけばいいのでしょうか。どんなことに気をつけて暮らしていけばいいのでしょうか。

WORD

- □ 老後ろうご 노후
- □ きっかけ 계기, 실마리
- □ 輪わ 고리, 원형, 바퀴, 테두리
- □ 磨みがく 닦다, 연마하다
- □ 自然しぜんと 저절로, 자연히, 스스로
- □ 寄よってくる 다가서다, 다가오다
- □ 実みのる 열매를 맺다
- □ 好すく 좋아하다, 마음에 들다
- □ 生うまれつき 천성, 본성

1 <ruby>心構<rt>こころがま</rt></ruby>え

「心構え」는 '마음가짐'이라는 뜻인데, 비슷한 표현이 많으므로 주의하자.

> 예 あなたは独り暮らしする心構えできていますか。
> 田中君は心掛けのいい青年だ。
> 初めての海外旅行の心得を教えてください。
> 田中さんの野球にかける心意気はすごい。

2 その<ruby>分<rt>ぶん</rt></ruby>

「その分」의 「分」은 원래 '부분'이나 '분량'을 나타내는 말인데, 본문에서는 '그런 만큼', '그만큼'이라는 뜻으로 쓰였다. 「分」은 이외에도 '사물의 정도나 상태'를 나타낸다.

> 예 この分なら一時間以内に東京に着けるだろう。
> この分でいけば彼の体は一ヶ月も持たないだろう。

3 <ruby>退社<rt>たいしゃ</rt></ruby>

「退社」는 '회사를 그만두다'라는 뜻도 있지만, 「出社」의 반대어로서 '퇴근'의 뜻도 있음에 주의해야 한다. 「退勤」과 바꿔 써도 무방하다.

4 <ruby>輪<rt>わ</rt></ruby>

「輪」는 원래 원의 윤곽이나 원형 모양을 나타내는 말인데, 본문에서의 「人の輪に入っていく」는 사람들이 있는 영역이나 테두리 안에 들어가는, 이른바 '인간관계를 맺다'라는 뜻을 나타낸다.

5 つもり

「つもり」는 보통 '의지'를 나타내는 뜻으로 쓰이는데, 자기 자신의 상태나 이미 행한 행위에 대해서 믿고 있다는 뜻도 나타낼 수 있다.

예 私はもう40を過ぎましたが、まだまだ気持ちは20代のつもりです。
背広のポケットに入れたつもりのお金が入っていなかった。
田中さんはクラスの中で一番きれいなつもりでいます。

6 よほど

「よほど」는 ①'정도가 심하거나 보통을 넘다', ②'화자의 의지가 80% 정도 굳어졌지만 아직 결정적이지 못하다'라는 뜻을 나타낸다. 강조하여 「よっぽど」라고도 한다.

예 ① 子供が一人でアメリカへ行くなんて、よほど英語が達者なのだろう。
正規の料金で行くより格安チケットで行った方がよっぽど安上がりだ。

② こんなところでたばこを吸うなとよっぽど言ってやろうか思ったが言えなかった。
気持ち悪かったのでよっぽど途中でバスを降りようかと思ったが、結局我慢した。

7 相談<ruby>そうだん</ruby>

「相談」은 '자기가 알지 못하는 일에 대해서 남의 의견을 구하다'라는 뜻이다. 한편, 「商談しょうだん」은 '장사·거래에 관한 상담'을 말하므로 발음할 때 주의해야 한다.

DIALOGUE

mp3 **22**

リク。友達が誰もいない人って性格に問題があるのかな?

うーん。性格云々よりも馬の合う人がいなかっただけなんじゃ ないのかな? 自分に合った人探すのってなかなか大変だよ。

でも今から友達がいなかったら老後寂しくてやってけないよ。

何? ハルナ、友達いないの?

まさか。私じゃないわよ。知り合いがそうだってこと。

そりゃ、そうだよな。

ところで俺ってハルナの何なんだろう?

そうね。ただの腐れ縁ってとこかな?

そりゃ、ないだろ。親友って言ってくれよ。

단어   云々ぅんぬん 운운 | 馬うまが合ぁう 마음이 맞다 | やってけない 못 살다 | 腐くされ縁ぇん 끊을래야 끊을 수 없는 지긋지긋한 인
    연 | 親友しんゆう 친한 친구

94

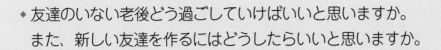

FREE TALKING

◆ 友達のいない老後どう過ごしていけばいいと思いますか。
また、新しい友達を作るにはどうしたらいいと思いますか。

◆ 友達付き合いの中で、どんなことが一番難しいと思いますか。

◆ 友達に裏切られたりケンカしたりして、関係が切れてしまったことがありますか。

◆ あなたに一番合っている友達はどんな性格の人ですか。

◆ もし老後一人で生活することになったとしたら、どんな生活を送っていきたいですか。また、老後の不安としてどんなことがありますか。

□ 交友関係こうゆうかんけい	교우 관계
□ 親睦しんぼくを図はかる	친목을 도모하다
□ 近所付合きんじょづきあい	이웃 교제
□ 友情ゆうじょう	우정
□ 仲良なかよし	사이가 좋음
□ 共有きょうゆうする	공유하다
□ 交まじわる	사귀다, 교제하다

□ 老人ろうじんホーム	양로원
□ 高齢化社会こうれいかしゃかい	고령화 사회
□ 生いき甲斐がい	사는 보람
□ バリバリ働く	활기 있게 일하다

□ 年金生活ねんきんせいかつ	연금 생활
□ 蓄たくわえる	저축하다
□ 貯蓄ちょちく	저축
□ 介護保険かいごほけん	개호 보험
□ 医療費いりょうひ	의료비
□ 社会福祉しゃかいふくし	사회복지
□ ボランティア活動	봉사 활동

□ 孫まごの子守こもりをする	손자를 돌보다
□ 畑仕事はたけしごと	밭일
□ 教養きょうようを高たかめる	교양을 높이다
□ 生涯学習しょうがいがくしゅう	평생 학습
□ ゲートボール	게이트볼
□ ガーデニング	정원 가꾸기, 원예
□ 第二の人生を歩あゆむ	제2의 인생을 걷다
□ のんびりする	한가로이 지내다
□ 心豊こころゆたかだ	마음이 풍요롭다
□ 住み心地ごこちがいい	살기 편하다, 살기 좋다

□ 生いき生いきとした	생생한
□ 長寿ちょうじゅ	장수
□ 老衰ろうすい	노쇠
□ 寝ねたきり	
노쇠나 질병으로 자리에 누운 채 일어나지 못하는 상태	
□ 認知症にんちしょう	치매

□ 寂さびしがり屋	외로움을 잘 타는 사람
□ 心細こころぼそい	마음이 불안하다
□ 孤独こどくだ	고독하다
□ 惨みじめだ	비참하다
□ 社会的弱者しゃかいてきじゃくしゃ	사회적 약자
□ 配偶者はいぐうしゃ	배우자
□ 他界たかいする	타계하다
□ 死別しべつ	사별
□ 身寄みよりがない	친족이 없다
□ 不透明ふとうめいだ	불투명하다

うきうき にほんご

LESSON

학습목표
매너에 관해 이야기하기

12

マナー

주요문형 1 突然、火のついたようにその女の子が泣き出しました。

주요문형 2 一向に収まる気配がありませんでした。

주요문형 3 乗客はちらちら見ていて迷惑そうでした。

주요문형 4 子供の訴えにもそのままだったママにガッカリした。

주요문형 5 明日はわが身を承知の上ですが。

　先日電車の中で、息子と同じぐらいの年齢の女の子を抱っこしていたママが乗っていました。子連れなので、私は優先席にいつも座るようにしています。ママは、私からは扉を一つ隔てた普通席にいました。突然、火のついたようにその女の子が泣き出し、一向に収まる気配なく、乗客はちらちら見ていて迷惑そうでした。同じ母親として、内心、尋常でない泣きようは、オムツか空腹…？と思い、ママは急いでいて降りられないのか、もうすぐ下車駅か、などいろいろ想像していました。

　ママはおしりをポンポンと軽く叩くのみ。車内が混雑し始めたので、思い切って、自分が下車する直前に「大丈夫ですか。外の空気に触れさせた方がいいのではないですか」というと、ママが「次の次で降りますから」と。「余計なこといってすみません」と言って私は降りました。

　後から考えると勇気をしぼって早く言えばよかったのですが、車内の空気が読めず、自分の子供の訴えにもそのままだったママにガッカリしてしまいました。(車両一両分響いてたので…)

　夜、夫に話すと「俺ならそのママと同じ。そのまま乗る」というのです。明日はわが身を承知の上ですが、みなさんどう思いますか。

- 子連こづれ 아이를 동반함
- 優先席ゆうせんせき 우대석
- 扉とびら 문짝, 문
- 隔へだてる 사이를 두다, 거리를 두다
- 収おさまる 진정되다, 원상태로 돌아가다
- 気配けはい 기척, 기미, 기색, 낌새
- 内心ないしん 내심
- 尋常じんじょうでない 심상치 않다
- オムツ 기저귀
- 空腹くうふく 공복

- 下車げしゃ 하차
- ポンポン 톡톡
- 叩たたく 두드리다
- 勇気ゆうきをしぼる 용기를 내다
- 訴うったえ 호소, 하소연
- 響ひびく 울리다
- 承知しょうち 알고 있음

1 火_ひのついたように

일본어 직유법은 한국어의 직유법과 비슷한 것도 많지만 쓰임이 다른 것도 있으므로 주의하자.

> 예) 田中さんはキツネのようにずるい
> 田中さんはカバのように口が大きい
> 鬼のような先生
> 鬼のように働く
> 鬼のように忙しい

2 ～出_だす

「～出す」는 '～하기 시작하다'라는 뜻으로, 주어가 무생물일 경우나 인간의 생리현상을 나타낼 때 사용한다. 「～始める」에 비해서 '갑자기'라는 뉘앙스로 쓰이는 경우가 많다.

> 예) にわか雨が降り出した。
> 彼はいきなり怒り出した。
> 赤ちゃんが泣き出した。

3 一向_{いっこう}に

「一向に」는 뒤에 부정형을 수반하여 '조금도', '전혀'라는 뜻으로 가능성을 다 부정할 뿐만 아니라, 시간이 지났음에도 불구하고 아직도 사태의 진전이 없다는 뉘앙스를 나타내기도 한다.

> 예) 3ヶ月も病院に通っているのに一向に病状が好転しない。
> 彼の癖は一向になおる気配がない。

4 ちらちら

「ちらちら」는 조금씩 되풀이해서 보는 모양으로서, '힐끔힐끔'이라는 뜻으로 쓰인다. 한편 「ちらっと」는 순간적으로 본 모양으로, '언뜻', '잠깐', '흘끗'이라는 뜻으로 쓰인다.

例 電車の前の席に座った人があまりに美しかったので回りの人がちらちら見ていた。
100メートル前方にうさぎのようなものがちらっと見えた。

5 空気（くうき）

「空気」는 '공기'라는 뜻이지만, 「雰囲気」라는 뜻도 가지고 있다.

例 多忙な時期になると職場の空気がピリピリとしたものになる。
タイのエネルギッシュな空気が気に入ってもうしばらく暮らすつもりです。

6 承知（しょうち）

「承知」는 ①'알고 있음', '알아들음' ②'승낙' ③'용서'의 세 가지 뜻이 있다.

例 ①A：第3会議室にコーヒー三つお願いします。
　　B：はい、承知しました。

　　皆様もご承知の通り、この度大阪支店に移ることになりました。

　②この案件については社長がなかなか承知してくれません。

　③彼のこと悪く言ったら承知しないわよ。

mp3 **24**

🧑‍🦰 タケシはどう思う？ 電車に乗ってて自分の赤ちゃんが
泣き出してもそのまま乗っているべきかしら。

🧑 そうだな。場合によりけりだけど普通だったら一旦降りて
なだめてからまた乗るべきじゃないのかな？
そんな人いたの？

🧑‍🦰 うん。ちょっとね。
同じママなもんだから気になっちゃって。

🧑 赤ちゃんって何の前触れもなく泣くから大変だよな。

🧑‍🦰 話せないから泣いて表現するだけよ。
それが仕事なんだから。

🧑 フー。泣くだけが仕事か。俺も泣くだけで仕事ができた
らいいな。

単語　〜によりけり ~에 따라 다름 ｜ なだめる 달래다 ｜ 前触れまえぶれ 예고, 조짐

FREE TALKING

다음 질문을 하고 상대방의 대답을 적어 보세요.

◆ あなたがこのお母さんだったらどうしたと思いますか。

◆ 電車に乗っていて隣の赤ちゃんが泣き出したらあなたはどうしますか。

◆ 普段「これは他人の迷惑だ」と思うことがありますか。
　あったらそれはどんなことですか。

◆ 他人に迷惑をかけないのであれば、何をしても構わないと思いますか。
　囫 道ばたで唾を吐く / ごみのポイ捨て / カンニング

◆ 人前でゲップをするのとおならをするのとでは、どちらが失礼だと思いますか。

□ マナー違反いはん	매너에 어긋남
□ たばこの吸すい殻がら	담배꽁초
□ 割わり込こみ	새치기
□ ゲップ	트림
□ おなら	방귀
□ 歩きたばこ	걸으면서 담배를 피움
□ 足を組くむ	다리를 꼬고 앉다
□ 寝たばこ	누워서 담배를 피움
□ 通行つうこうの妨さまたげになる	통행에 방해가 되다
□ 迷惑駐車めいわくちゅうしゃ	차나 행인이 지나가기 어렵게 주차해 놓음
□ 音おとを立たてる	소리를 내다
□ 匂においを放はなつ	냄새를 풍기다
□ 落書らくがき	낙서
□ 携帯けいたいの電源でんげんを切きる	휴대폰의 전원을 끄다
□ 糞ふんの後始末あとしまつ	배설물의 뒤처리
□ 公共こうきょうの場ば	공공장소
□ エチケット	에티켓
□ 条例じょうれい	조례
□ 自制じせいする	자제하다
□ 恥はじをさらす	창피를 당하다
□ 目に余あまる	차마 못 볼 정도로 심하다
□ 常識外じょうしきはずれ	상식에서 벗어남
□ 顔をしかめる	얼굴을 찡그리다
□ ムカつく	화가 치밀다, 역겨워지다
□ 煙けむたがる	거북하게 여기다
□ 白い目で見る	백안시하다
□ 悪質あくしつ	악질

□ 丁寧ていねいだ	정중하다
□ 横柄おうへいだ	건방지다
□ 下品げひんだ	품위 없다
□ 厚あつかましい	뻔뻔스럽다
□ 行儀ぎょうぎ	예절
□ 礼儀作法れいぎさほう	예의범절
□ 美徳びとく	미덕
□ お礼れいを言う	사례의 인사말을 하다
□ 振ふる舞まい	행동, 거동
□ 言葉遣ことばづかい	말투, 말씨
□ 堅苦かたくるしい	격식에 치우쳐 거북스럽다
□ 窮屈きゅうくつだ	갑갑하다
□ しきたり	관례, 관습
□ 厳禁げんきん	엄금
□ 禁忌きんき	금기

LESSON

13

晩婚と国際結婚

주요문형1 いまだ結婚のあてがありません。

주요문형2 理想が高い上に10歳年下の女性がいいと言う始末です。

주요문형3 耳を貸してくれません。

주요문형4 いっそのこと結婚相談所に登録させようとします。

兄の行く末が心配

mp3 25

私には3つ年上の兄がいます。この春、46歳になったのですが、いまだ結婚のあてがありません。私より先に結婚してほしいと願い、友人の友人を紹介してもらったこともあるのですが、結果はサッパリ。

外見的な面で理想が高い上に、できれば10歳くらい年下の女性がいいと言う始末です。

私から見ると、同世代でも素敵な女性はたくさんいるはずですし、「上げ膳据え膳」で育った兄なので、しっかりした女性がいいと思っているのですが、耳を貸してくれません。

今は、独身寮に入っているのですが、お盆やG.W.には一人住まいの母の元に帰っては、食事や身の回りの世話までしてもらっています。母はまだパートで働いているので、あまり面倒をかけないようにと言っているのですが、相変わらず状況は変わりません。

兄は年下の女性にこだわっているので、いっそのこと中国やフィリピンなど外国からの花嫁を紹介する結婚相談所に登録させようかと考えてもいます。でも、いざ外国から花嫁が来るとなるといろいろ心配になります。文化・習慣・風習の違いから来る葛藤などを考えると迷ってしまいます。

兄の結婚願望は今一つわかりませんが、これ以上母に負担をかけさせるのが見ていて嫌です。

こんな兄に是非アドバイスをお願いします！

□ 行ゆく末すえ 장래, 미래

□ あて 전망, 방법, 수단, 길

□ 始末しまつ (나쁜 결과로서의) 사정, 형편, 꼴, 모양

□ 上あげ膳ぜん据すえ膳ぜん 손 하나 까딱 안 하고
　　　　　　　　　　편하게 지냄

□ 耳みみを貸かす 귀를 기울이다, 남의 이야기를 듣다

□ G.W.ゴールデンウィーク 황금 연휴

□ 身みの回まわり 자신의 주위, 신변

□ こだわる 구애받다

□ 花嫁はなよめ 신부, 새색시

□ いざ 막상

□ 葛藤かっとう 갈등

□ 今一いまひとつ 조금, 조금만 더

PHRASE

1 いまだ

「いまだ」 뒤에 부정 표현이 와서, 어떤 일이 해결되거나 변화되기를 기대한다는 뜻으로 쓰인다. 따라서 변화되기를 기대하지 않는 뜻으로는 쓸 수 없다.

> 예　うちの祖父は今年95才だが、いまだ元気だ。(✕)

「いまだ」가 '아직(도)', '지금까지'라는 뜻으로 쓰이는 경우가 있는데, 그렇다고 해서 무조건 「今まで」로 바꿔 쓸 수 있는 것은 아니다. 「今まで」는 오로지 과거에 일어났던 일에만 쓴다.

> 예　ミラをアメリカに行かせたが今まで何の連絡もない。(✕)
> 　　ミラをアメリカに行かせたがいまだ何の連絡もない。(○)

2 サッパリ

「さっぱり」, 「サッパリ」는 바람직한 상황이 실현되지 않고 있다는 뜻으로, 「さっぱり」 뒤에는 부정형, 긍정형 둘 다 올 수 있다.

> 예　A : 最近の景気はどうですか。
> 　　B : 最近はさっぱりです。
>
> 　　何度聞いてもさっぱり聞き取れない。

3 理想が高い

「理想が高い」는 말 그대로 자기가 이상형으로 생각하고 있는 기준이 높다는 뜻이며, 「目が高い」는 '사물의 본질·가치를 알아보는 능력이 있다', 즉 '안목이 높다'라는 뜻이다.

4 しっかり

「しっかり」는 보통 '사물이 튼튼하다' 또는 '정신을 차리다'라는 뜻으로 쓰이지만, 그 외에도 '사람이 견실하거나 야무지다'라고 할 때에도 많이 쓰인다.

5 相変わらず
<ruby>相<rt>あい</rt></ruby><ruby>変<rt>か</rt></ruby>わらず

「相変わらず」는 '변화될 것이라고 예상되는데도 불구하고 상태가 예상외로 그대로 있는 모양'을 나타낸다. 한편, 「依然として」는 '상태가 고정된 채 전혀 변화되지 않는 것'을 객관적인 입장에서 나타내는 표현으로, 상태가 변화된다는 전제가 없다.

> 예 うちの祖父は今年95才だが、相変わらず元気だ。（○）
> うちの祖父は今年95才だが、依然として元気だ。（×）
>
> うちの父は酔うと相変わらず説教を繰り返す。（○）
> うちの父は酔うと依然として説教を繰り返す。（×）

6 いっそのこと

「いっそのこと」는 「いっそ」를 강조한 표현이며, 극단적인 선택을 하게 된 이유가 명시되는 경우가 많다.

> 예 手術をするくらいならいっそ死んだ方がいい。

mp3 **26**

タケシ。うちの兄、結婚まだなの。もう48よ。
誰かいい人いないかな？

どんなタイプの人が好みなの？ お兄さん、結構、面食い？

実はそうなの。この際、外見とか条件抜きで、身一つで嫁に
来てくれる人を探せばいいと思うんだけど。

こうなったら国際結婚しかないよ。
最近いろんな国の人が日本に来るじゃない。

それはいいんだけど。うちの兄は面倒見が悪いからね。

だったらきっぱり諦めて生涯独身でいくしかないんじゃない？

단어　好このみ 기호, 취향 | 面食めんくい 얼굴이 고운 사람만을 좋아함, 또는 그런 사람 | 外見がいけん 외모 | 条件じょうけん 조건 |
~抜ぬきで ~빼고 | 身一みひとつ 짐이나 재산이 딸리지 않은 자기의 몸 하나 | 嫁よめに来る 시집오다 | 面倒見めんどうみが悪
わるい 잘 돌봐 주지 않다 | きっぱり 딱 잘라 | 諦あきらめる 단념하다, 포기하다 | 生涯しょうがい 일생, 평생

FREE TALKING

◆ あなたがこのお兄さんにアドバイスをするなら、何と言ってアドバイスをしますか。

◆ このお兄さんの場合、国際結婚をさせた方がいいと思いますか。

◆ 韓国でも最近他の国から嫁に来る人が多いようですが、それについてどう思いますか。

◆ あなたは生涯独身で生活している自信がありますか。
また、それはどうしてですか。

◆ 国際結婚する場合の問題について話してみましょう。
(文化、習慣、風習、言語、冠婚葬祭など)

....

....

....

....

....

....

....

✤VOCABULARY

☐ 斡旋 あっせん	알선
☐ 第一印象 だいいちいんしょう	첫인상
☐ 運命的 うんめいてき	운명적
☐ 身みの上話 うえばなし	신상 이야기
☐ 家柄 いえがら	집안, 가문
☐ 仲人 なこうど	중매인
☐ 縁結 えんむすびの神 かみ	연분을 맺어 주는 신
☐ 占 うらなう	점치다
☐ 占 うらない師 し	점쟁이
☐ 姓名判断 せいめいはんだん	성명 판단
☐ 縁談 えんだん	혼담
☐ 伴侶 はんりょ	반려
☐ 縁 えん	인연
☐ 相性 あいしょう	궁합
☐ 嫁 とつぐ	시집가다
☐ 事実婚 じじつこん	사실혼
☐ 持参金 じさんきん	지참금
☐ 嫁 よめを取 とる	아내를 맞아들이다
☐ 婿 むこを取 とる	사위를 얻다
☐ 婿養子 むこようしに迎 むかえる	데릴사위로 맞다
☐ 所帯 しょたいを持 もつ	살림을 차리다
☐ 婚姻届 こんいんとどけ	혼인 신고
☐ 出産届 しゅっさんとどけ	출생 신고
☐ 戸籍謄本 こせきとうほん	호적 등본
☐ 入国管理局 にゅうこくかんりきょく	출입국 관리국
☐ 偽装結婚 ぎそうけっこん	위장 결혼
☐ 国籍 こくせき	국적

☐ 混血児 こんけつじ	혼혈아
☐ 帰化 きか	귀화
☐ 文化圏 ぶんかけん	문화권
☐ 異文化 いぶんか	이문화
☐ 差別 さべつを受 うける	차별을 받다
☐ 結婚詐欺 けっこんさぎ	결혼 사기
☐ 異質 いしつ	이질적임
☐ 意思疎通 いしそつう	의사소통
☐ 情緒 じょうちょ	정서
☐ 出稼 でかせぎ	타지에 나가 돈을 버는 일
☐ 忍耐強 にんたいづよい	참을성이 많다
☐ 質素 しっそだ	검소하다
☐ 華麗 かれいだ	화려하다
☐ 人間的 にんげんてき	인간적
☐ 気弱 きよわだ	마음이 약하다
☐ 強気 つよきだ	성질이 아귀차다
☐ 弱気 よわきだ	무기력하다
☐ 優雅 ゆうがだ	우아하다

うきうき にほんご

LESSON 14

飲み会

주요문형1 社員の都合はおかまいなしで強制的に出席させます。

주요문형2 さすがに初めのころはしぶしぶ出席していました。

주요문형3 誰がなんと思おうと嫌なものは嫌なんです。

주요문형4 断っても出席しても自己嫌悪に陥ってしまいます。

会社の飲み会が嫌

mp3 **27**

　正社員経験ありで、現在は派遣で働いています。実は非常に会社の飲み会や親睦会が嫌なんです。正社員時代は、社員の都合はおかまいなしで強制的に出席させる会社で、精神的に苦痛の絶頂でした。

　派遣社員になると、こういうことから解放されると思いきや、飲み会などのイベント好きな会社で、私以外の女性の派遣さんは、出席率がいいんです。

　さすがに初めのころはしぶしぶ出席していましたが、ある時期からふっきれて、誰がなんと思おうと嫌なものは嫌っ！っと100％断っています。

　自分の意に反して我慢しても疲れるだけですし、私一人出席しようがしまいが、誰にも迷惑かけていないと思っています。こういうことで頭を悩ましていると、体に毒なので私は「自分」に素直にしています。でも、私のようにふっきれない方はいっぱいいると思います。断っても出席しても自己嫌悪に陥ってしまう…。

WORD

- 派遣はけん 파견, 파견 사원
- 親睦会しんぼくかい 친목회
- 都合つごう 형편, 사정
- おかまいなし 아랑곳없이
- 強制的きょうせいてき 강제적
- 絶頂ぜっちょう 절정
- しぶしぶ 마지못해
- ふっきれる 꺼림칙하던 것이 싹 가시어 개운하다, 맺히거나 막힌 것이 터져 나오다
- 意い 생각, 마음, 뜻, 기분, 관심

- 反はんする 반하다
- 頭あたまを悩なやます 골치를 앓다

1 ～と<ruby>思<rt>おも</rt></ruby>いきや

「～と思いきや」는 '～라고 생각했지만 뜻밖의 결과였다'라는 뉘앙스로 사용된다.

예 宝くじ一等当選と思いきや組が違っていた。

咳が止まらないので風邪かと思いきや実は結核にかかっていた。

安いので量も少な目かと思いきや、結構多かったので驚いた。

2 さすがに

본문에서 「さすがに」는 「さすがの私も」라는 뜻으로, 회식을 싫어하기는 하나 그런 나도 처음에는 출석했었다는 의미를 나타낸다.

예 いくら仕事だと言え、さすがに三日徹夜は体を壊してしまう。

大食いの彼でもさすがにラーメン5人前は食べられまい。

彼は山登りが好きだ。しかしさすがの彼もK2にはそう簡単に挑戦できまい。

3 しぶしぶ

「しぶしぶ」는 '사실은 하고 싶지 않지만 주위에서 강한 요구가 있어서 싫으면서도 그 일을 하게 되는 것'을 나타내는 말이다. (≒しぶりながら / いやいやながら)

4 <ruby>思<rt>おも</rt></ruby>おうと

「의지형 よう＋と[が]」는 '～하든 (간에)'라는 뜻으로 쓰이는데, 「～ようが[と]」 뒤에 부정의 「まい」가 들어가는 경우도 있다.

예 何があろうと僕は田中さんと結婚するつもりです。

誰が何と言おうと僕は海外に行って生活します。

あなたが行こうと行くまいとあなたの勝手です。

5 毒(どく)

「毒」는 '독'이라는 뜻이지만, 「〜に毒だ」, 「〜の毒だ」의 형태로 '〜에 해롭다', '〜에 해가 되다'의 뜻을 나타낸다.

예 ポルノ雑誌は子供には目の毒だ。
幼児虐待は社会の毒だ。
多量の飲酒は肝臓に毒だ。

6 陥る(おちい)

「陥る」는 '빠지다', '빠져들다'의 뜻으로, 구제하기 힘든 상황에 빠져 바로 헤어나지 못하게 되는 것을 나타낸다. 「〜に陥る」 앞에는 주로 추상적인 명사가 온다.

예 ピンチに陥る　　　　　　スランプに陥る
ジレンマに陥る　　　　　パニックに陥る
混乱に陥る　　　　　　　財政難に陥る
睡眠不足に陥る　　　　　自信喪失に陥る
計略に陥る

mp3 **28**

🧑 私ね、「飲み会」って聞いただけでも目眩がしてくるの。

🧑 え？ なんで？ 飲み会ってストレスの解消にいいじゃん。

🧑 正反対よ。私、がやがやした所も嫌いだし、人と交わる

のも嫌なの。

お酒ぐらい一人でゆっくり飲みたいものだわ。

🧑 でも社会生活って人と人との交わりが大切だと思うけど。

ハルナ、まかり間違うと村八分にされちゃうよ。

🧑 いいのよ。今の会社なんか何の未練もないから。

🧑 そんな。

単어   **目眩**めまい**がする** 현기증이 나다, 어지럽다 | **がやがやする** 와글와글하다, 왁자지껄하다 | **交**まじ**わる** 어울리다 | **まかり間違**ま
ちが**う** 자칫 실수하다 | **村八分**むらはちぶ**にされる** 따돌림을 당하다 | **未練**みれん 미련

FREE TALKING

◆ 正社員でない人の場合でも飲み会には参加すべきだと思いますか。

◆ あなたは会社の中での飲み会は必要だと思っていますか。
　また、それはどうしてですか。

◆ 今まで飲み会でトラブルがあったり嫌な経験などをしたことがありますか。

◆ 飲みすぎてしまった時の経験や思い出があったら話してください。

◆ お酒を飲まない〔飲めない〕ことで不便なことはないですか。

✿ VOCABULARY

□ 一次会いちじかい	1차	
□ はしご酒ざけ		
2차, 3차로 장소를 옮기며 마시는 술		
□ お酌しゃくする	술을 따르다	
□ 手酌てじゃくする	자작하다	
□ チビリチビリと飲む	술을 홀짝홀짝 마시다	
□ 自棄酒やけざけをあおる	홧술을 마시다	
□ 酔よいが回まわる	취기다 돌다	
□ 酔いの回りが早い	취기가 빨리 돌다	
□ 記憶きおくが途切とぎれる	필름이 끊기다	
□ 酔よいつぶれる	만취해서 곤드라지다	
□ 泥酔でいすいする	만취하다	
□ 適量てきりょう	적량	
□ まわし飲み		
하나의 그릇이나 병에 든 음료를 여럿이 돌려가며 마심		
□ 酒浸さけびたりになる	술에 절도록 술을 마시다	
□ べろんべろんに酔う	곤드레만드레 취하다	
□ らっぱ飲み	병나발	
□ へべれけになる	고주망태가 되다	
□ 頭がくらくらする	머리가 어질어질하다	
□ がぶ飲み	(물·술을) 벌컥벌컥 들이킴	
□ 杯さかずきをかわす	술잔을 나누다	
□ ぐい飲み	단숨에 들이킴	
□ よろよろ歩く	비틀비틀 걷다	
□ 酔よいを覚さます	술을 깨다	
□ 酔いが覚める	술이 깨다	
□ 迎むかえ酒ざけ	해장술	
□ 飲んべえ	술꾼, 모주꾼	
□ 大酒飲おおざけのみ	대주가, 주호	
□ 上戸じょうご	술꾼, 모주꾼	

□ 下戸げこ	술을 못하는 사람	
□ 底無そこなし	무한량의 술고래	
□ 絡からむ	트집 잡다, 시비를 걸다	
□ 酒さけ飲み		
술을 좋아하고 많이 마시거나 늘 마시는 사람		
□ 気持きもち悪わるい		
구역질나다, 징그럽다, 기분이 나쁘다		
□ 致命的ちめいてき	치명적	
□ くどい		
같은 말을 되풀이하여 귀찮다, 지겹도록 장황하다		
□ しらふ		
술에 취하지 않은 평소의 상태		
□ だらしない		
칠칠하지 못하다, 한심하다, 깔끔하지 못하다		
□ 酒乱しゅらん	주사	
□ 酒癖さけぐせが悪い	술버릇이 나쁘다	
□ 発酵はっこう	발효	
□ 発砲酒はっぽうしゅ	발포주	
□ 地酒じざけ	그 지방의 술, 토주	
□ 酒税法しゅぜいほう	주세법	

120

うきうき にほんご

主要
文型 **1** ドアをきちんと閉めないと「尻抜け！」と叱られました。

主要
文型 **2** 例の隙間から順番待ちの人の足が見えます。

主要
文型 **3** 「ムッ」とした表情でこちらを睨んで出て行きました。

主要
文型 **4** 道理で普通の店には売ってないんだと納得しました。

主要
文型 **5** 四角に折れない縫製しそこないの物ばかりです。

異文化体験を教えてください

＊アメリカ編＊

　ホームステイ先のお家で、トイレのドアが使っていない時はいつも半開きだったので、気付くたびに「きちんと」閉めてあげていました。母から、トイレのドアをきちんと閉めないと、「尻抜け！」と叱られていたものですから。アメリカで、半開きのトイレのドアが、「入れますよ」っていう合図なのを私が知ったのは、かなり後のことでした。それと、映画でもよく見られるようにドアを閉めても下のところは隙間ができてますよね。ある時、大がしたくてトイレに行って座っていると例の隙間から順番待ちの人の足が見えるではないですか。さすがの私でも急かされている感じで出るものが出なかった記憶があります。

＊欧州編＊

　紙類が高価な欧州、トイレで手を洗った後、乾かす温風機もなく、濡れた手を振ってる女性に、私のバッグからアイロンをかけたきれいなハンカチを差し出したら、「ムッ」とした表情でこちらを睨んで出て行ってしまいました。こちらの人達はハンカチは鼻をかむための雑巾みたいな役目で(紙を粗末にせずに一日それで鼻をかんで洗濯して使う)汚い物という意識しかないんだそうです。道理で、ハンカチはちゃんと四角に折れない縫製し損ないのクタクタの地味な物ばかりで、普通の店には売ってないんだと納得。

- □ ささやかだ 자그마하다, 하찮다
- □ 半開はんびらき 반쯤 열려 있음
- □ 気付きづく 눈치 채다, 알아차리다, 깨닫다, 정신이 들다
- □ 尻抜しりぬけ 듣는 족족 잊어버림, 일의 뒤처리를 못함
- □ 急せかす 재촉하다, 서두르게 하다
- □ 欧州おうしゅう 구주, 유럽
- □ 温風機おんぷうき 온풍기
- □ 振ふる 흔들다
- □ 差さし出だす 내밀다
- □ ムッとする 불끈 화가 나다
- □ 睨にらむ 노려보다, 매섭게 쏘아보다

- □ 鼻はなをかむ 코를 풀다
- □ 雑巾ぞうきん 행주
- □ 役目やくめ 임무, 역할
- □ 粗末そまつにする 함부로 하다, 소홀히 하다
- □ 道理どうりで 그러면 그렇지, 과연, 어쩐지
- □ 折おる 접다
- □ 縫製ほうせい 봉제
- □ クタクタ (옷감의 천 따위가 낡아서) 후줄근해짐

1 合図^{あい ず}

'신호'라는 뜻의 「合図」는 상대방과 정한 약속으로서 서로 의사를 전달하거나 확인할 때 쓰거나, 소리, 색깔, 모양 등을 나타내는 말이다.

> **예** 照明弾を合図に一斉に突撃を開始した。
> 出走馬はファンファーレを合図にゲートインを開始する。
> 「このまま行きましょうね」と主人に目で合図を送りました。

2 隙間^{すき ま}

'물건과 물건의 비어 있는 틈'을 「隙間」라고 하는데, 특정한 사람에게 빈틈이 없다고 할 때에는 「隙」를 사용한다.

3 大がしたい^{だい}

「大がしたい」라는 말은 '대변을 보고 싶다'라는 뜻으로, 직접 「大便」이나 「ウンコ」라고 하기가 쑥스러워 간접적으로 표현한 것이다. 「大きい方がしたい」도 가능하다.

4 順番待ち^{じゅんばん ま}

「順番待ち」는 순번을 기다린다는 뜻이다. 「～待ち」나 「待ち～」의 형태로 명사화시켜서 표현하는 단어를 알아보자.

> **예** 信号待ち   キャンセル待ち
> 空席待ち   承認待ち
> 出荷待ち   出番待ち
> 待ち行列   待ち時間

5 手を振る

「手を振る」라고 하면 일반적으로 떠나려고 하는 사람에게 잘 가라고 손을 흔들어서 인사하는 것을 뜻하지만, 본문에서는 물기 묻은 것을 없애기 위해서 손을 터는 것을 의미한다.

cf. 大手を振る

6 道理で

「道理で」는 이상하게 생각했던 일의 원인·이유가 밝혀진 것에 대해서 납득이 가는 것을 암시하는 표현이다.

예 あー、今日は祭日か。道理で電車に人が少ないと思った。

彼、歌手だったの？道理で歌がうまいわけだ。

これって見切り品だったの？道理で安いはずだ。

7 損なう

「동사 ます형+損なう」의 형태로 ①'~하는 일에 실패하다', ②'~하는 기회를 놓치다', ③'하마터면 ~할 뻔하다'와 같은 뜻이 있다.

예 ① 上司から頼まれた仕事を結局やり損なってしまった。

② 残業のために見たかったドラマを見損なった。

③ 川でおぼれて死に損ないました。

cf. 裏で悪口を言っていた彼を見損ないました。

死にたかったのに死に損ないました。

DIALOGUE

mp3 30

😊 ねえ、リクって海外に行ったときびっくりした体験、何かなかった?

😃 あった、あった。初めて韓国に行ったとき、女のガイドさんと一緒にご飯食べたんだけど、出てきた一つの鍋を四人でつっっつくじゃない。

なんとなく妙な気持ちになった思い出があるな。

😊 それって間接キッスだってこと?

😃 そう。しかも、「これおいしいから」ってガイドさんの箸でおかずを僕の口にまで運んでくれるもんだから超緊張しちゃったよ。

😊 へえ、そこまでしてくれたんだ。それってみんながそうするわけじゃなくてガイドさんがリクに気があったんじゃないの?

😃 まさか。そんなこと絶対あり得ないよ。だって10歳以上も年上だよ。

단어　鍋なべ 냄비 | つっつく (젓가락으로) 음식을 집적거리다 (つつく의 구어체) | 妙みょうだ 묘하다 | 間接かんせつ 간접 | 箸はし 젓가락 | 口に運はこぶ 입까지 전해 주다 | 超ちょう 초~, 매우~ (정도를 강조하는 말) | あり得えない 있을 수 없다

126

◆ 韓国と日本とでは何か習慣や風習などが違うところがあると思いますか。また、行動の仕方や言葉の表現の仕方でも違うと感じるところはありませんか。

◆ 欧州ではハンカチは鼻をかむための道具として使われているようですが、韓国でのハンカチの使われ方について話してみましょう。

◆ 他の国の習慣や文化などを見て「これは韓国とはかなり違うな」と感じたことはありますか。

◆ 外国人が韓国に来てどんなことを見て驚くと思いますか。

◆ 海外でのタブー視されていることやこんなことしたら非常識なことになるようなことを話してみましょう。

VOCABULARY

□ 価値観 かちかん	가치관	□ 溶とけ込こむ	동화되다, 융화되다
□ 風土 ふうど	풍토	□ 巻まき込こまれる	말려들다
□ 習ならわし	습관, 풍습, 관습	□ 頷うなずく	수긍하다, 고개를 끄덕이다
□ 気候 きこう	기후		
□ 宗教儀式 しゅうきょうぎしき	종교 의식	□ ご法度 はっと	금지되어 있는 일
□ 文化遺産 ぶんかいさん	문화유산	□ タブー	금기
□ ギャップ	갭, 간격	□ 人種差別 じんしゅさべつ	인종 차별
□ 壁かべにぶつかる	벽에 부딪치다	□ 格差 かくさ	격차
□ あっけにとられる	어리둥절하다, 어안이 벙벙하다	□ 違和感 いわかん	위화감
		□ 誇ほこり	자랑, 자존심, 자긍심
□ 迷子まいごになる	미아가 되다	□ 千差万別 せんさばんべつ	천차만별
□ カルチャーショック	컬처 쇼크	□ 雲泥うんでいの差さ	천양지차
□ 唖然 あぜんとする	아연해하다		
□ 臨機応変 りんきおうへん	임기응변	□ 華麗 かれいだ	화려하다
□ どぎまぎする	허둥지둥하다, 갈팡질팡하다	□ 居心地いごこちがいい	있기 편하다
		□ 平穏へいおんだ	평온하다
□ 戸惑とまどう	당황하다, 망설이다, 갈피를 못 잡다	□ 異様いようだ	이상하다, 괴상하다
		□ 厄介やっかいだ	번거롭다, 성가시다
		□ 果敢かかんだ	과감하다
□ 謎なぞが解とける	수수께끼가 풀리다	□ 行ゆき当あたりばったり	되는 대로 함, 닥치는 대로 함
□ 目を丸まるくする	눈을 크게 뜨다		
□ 再認識 さいにんしきする	재인식하다		
□ 見聞けんぶんを広ひろめる	견문을 넓히다		
□ 教養きょうようを深ふかめる	교양을 깊게 하다		
□ 抱擁ほうようする	포옹하다		
□ 握手あくしゅを交かわす	악수를 나누다		
□ だいご味み	참다운 맛, 묘미		
□ 未知みちの世界せかい	미지의 세계		
□ 素顔すがお	있는 그대로의 모습		
□ 少数民族 しょうすうみんぞく	소수 민족		

うきうき にほんご

학습목표
도둑에 관해 이야기하기

16

空き巣

主要文型1 階下の庭から物音がし、人の気配を感じました。

主要文型2 他人様のお庭を覗き込むことへのためらいがありました。

主要文型3 なかなか行動を起こせませんでした。

主要文型4 犯人は窓をこじ開けて侵入しました。

主要文型5 うちが無用心だっただけです。

　マンション2階に住んでいます。うちの下の1階は庭付きのお部屋です。先日の夜、階下の庭から物音がし、人の気配を感じました。1階の住人は夫婦で飲食店をやっていて、帰宅はいつも深夜です。住人が帰宅しているはずのない時間だったので明らかに怪しい。110番するべきか。猫か何かもしれないので、確認した方がいいのか。いろいろ考えてしまいました。確認するにしても他人様のお庭を上から覗き込むことへのためらいと、不審者に対する恐怖心からなかなか行動を起こせませんでした。結局犯人は窓をこじ開けて侵入し、室内にあった現金を盗んでいきました。

　後日、1階の奥様にお会いしたときに、異変に気付きながらお役に立てなかったことをお詫びしました。奥様は「うちが無用心だっただけ。盗まれたのも5千円くらいだから」と笑っておっしゃいましたが、私は物音を聞いたときにすぐ通報すべきだったのでしょうか。不在がちな隣人がいるとき、防犯のために普段からどんなことに気をつけたらいいのでしょうか。どなたか教えてください。

□ 空ぁき巣す 빈집털이

□ 人の気配けはい 인기척

□ 住人じゅうにん 주민, 거주인

□ 怪ぁやしい 수상하다, 괴상하다, 의심스럽다

□ 他人様たにんさま 타인(남)을 높이는 말

□ 覗のぞき込こむ 목을 길게 빼어 들여다보다,
　　　　　　얼굴을 가까이 들이밀고 보다

□ ためらい 주저, 망설임

□ 不審者ふしんしゃ 수상한 사람

□ 恐怖心きょうふしん 공포심

□ こじ開ぁける (틈 사이에 가는 꼬챙이 등을 끼워 넣
　　　　　　고) 억지로 열다

□ 侵入しんにゅう 침입

□ 異変いへん 이변

□ 詫ゎびる 사과하다, 사죄하다

□ 通報つうほう 신고

□ 不在ふざい 부재

□ 防犯ぼうはん 방범

□ 普段ふだん 평소

PHRASE

1 物音がする
<small>ものおと</small>

「物音がする」는 '무슨 소리가 나다'라는 뜻이다. 「～がする」형태의 표현들을 알아보자.

예 音がする   声がする   匂いがする   香りがする
    吐気がする   めまいがする   耳鳴りがする   寒気がする
    頭痛がする   腹痛がする   予感がする   息切れがする

2 人の気配
<small>ひと けはい</small>

「気配」는 원래 '여러 가지 상황으로 볼 때 아무래도 그것임에 틀림없다고 추측되는 모양'을 나타내는 말로서 '기척', '기미', '기색', '낌새'처럼 다양한 뜻이 있다.

예 ユキの新曲は大ヒットの気配を感じさせる。
    そろそろ秋の気配が感じられる。
    いささか経済や景気に立ち直りの気配が見える。

3 110番

「110番」은 경찰에 신고할 때 사용하는 번호로서, 「ひゃくじゅうばん」이라고 읽지 않고 「ひゃくとうばん」이라고 읽어야 한다. 그리고 본문에 나온 것처럼 「110番する」라는 형태로 사용된다.

cf. 119番(ひゃくじゅうきゅうばん) → 消防署 / 救急車

4 無用心

「無用心」은 '조심을 하지 않음', '경계가 소홀함'이라는 뜻으로, 「不用心」이라고도 표기한다. 두 자로 된 한자어 앞에 「無」가 들어가는 단어의 예는 다음과 같다.

예						
無計画	無条件	無理解	無差別	無意識	無意味	無一文
無関係	無関心	無期限	無記名	無気力	無資格	無試験
無事故	無慈悲	無趣味	無制限	無生物	無責任	無抵抗

5 通報

「通報」는 '긴급 사태에 대해서 알리는 것'으로 '통지하여 보고하거나 알림'이라는 우리말 뜻과는 약간 차이가 있다.

예 急速に近づく彗星を発見して、ただちに全世界の天文台へ通報した。
ラジオの経済通報が全市に響き渡った。
通報を受け警察が駆け付けた。

6 〜がち

「〜がち」는 '자주 〜함', '〜이 많음', '〜하는 경향이 있음'이라는 뜻으로, '바람직하지 않은 변화나 동작이 생기기 쉽다'라는 의미를 나타낸다. 「〜がち」는 「病気」 등 일부 명사를 제외하고 기본적으로는 동사 ます형에 접속된다.

예 弟は小さい時からずっと病気がちだった。
この食品は現代人の不足がちの栄養をサポートしてくれます。
日本人は自己というものが弱いと言われがちだ。

DIALOGUE

mp3 **32**

リク、実はね、昨日わたしんち空き巣に入られたの。

え？ そんな物騒な。で、何か盗まれたりしたの？

うん、宝石とかお金の入った封筒ごと丸々持って行かれちゃった。

え？ いくら入ってたの？

20万入ってたの。
それと気味悪いんだけど、変なものもなくなってるの。

何？ まさか、あれ？ 下…。

そうなの。なんだかまた来そうでおっかないわ。

でも、それってただの空き巣なのか変態なのかわかんないな。
とにかく犯人ってまた現場に戻ってくるっていうから
気をつけなきゃ。

リク！ 脅かさないでよ。
意地悪いんだから。
まったく。

単語　　物騒ぶっそうだ 위험한 느낌이 들다 ｜ 宝石ほうせき 보석 ｜ 封筒ふうとう 봉투 ｜ ～ごと ～와 함께, ～째 ｜ 丸々まるまる 통째로, 몽땅 ｜ 気味悪きみわるい 어쩐지 기분 나쁘다, 으스스하고 싫다 ｜ おっかない 두렵다, 무섭다 ｜ 変態へんたい 변태 ｜ 現場げんば 현장 ｜ 脅おどかす 위협하다, 협박하다, 깜짝 놀라게 하다 ｜ 意地悪いじわるい 심술궂다, 짓궂다

134

FREE TALKING

◆ みなさんがこの筆者の立場だったら警察に通報していましたか。
   また、その理由は何ですか。

◆ もしあなたが空き巣ならどんな条件の家を選びますか。

◆ あなたは今まで泥棒に入られたり、学校や会社などで何か盗まれたことがあ
   りますか。あったらその時の状況を説明してください。

◆ もし夜寝ているときにあなたの家に泥棒が入ってきたらとっさにどうすると
   思いますか。

◆ 泥棒に入られないようにどうするべきだと思いますか。

VOCABULARY

□ 軽犯罪けいはんざい	경범죄
□ 犯罪はんざいを犯おかす	범죄를 저지르다
□ 指名手配しめいてはい	지명 수배
□ 刑務所けいむしょ	교도소
□ 容疑ようぎ	용의
□ 前科ぜんか	전과
□ 犯行はんこう	범행
□ 供述きょうじゅつする	진술하다
□ 補助錠ほじょじょう	보조 자물쇠
□ 鍵かぎをかける	자물쇠를 잠그다
□ 施錠せじょうする	자물쇠를 채우다
□ 戸締とじまりする	문단속하다
□ 狙ねらう	노리다, 엿보다
□ 下調したしらべ	예비 조사, 사전 조사
□ 物色ぶっしょくする	물색하다
□ 足跡あしあと	발자국
□ 忍しのび込こむ	몰래 들어가다
□ 強盗ごうとう	강도
□ 窃盗せっとう	절도
□ こそ泥どろ	좀도둑
□ ひったくり	날치기, 날치기꾼
□ 置おき引びき	들치기
□ 万引まんびき	상점에서 물건을 훔침
□ ビル荒あらし	빌딩을 턺, 빌딩털이
□ 車上荒しゃじょうあらし	차 안의 물건을 훔침
□ スリ	소매치기
□ やられる	당하다
□ 油断ゆだんする	방심하다

□ びくびくする	흠칫흠칫하다, 벌벌 떨다
□ 不気味ぶきみだ	어쩐지 무섭다, 으스스하다
□ 大胆不敵だいたんふてき	대담무쌍
□ 自業自得じごうじとく	자업자득
□ 不幸中ふこうちゅうの幸さいわい	불행 중 다행
□ 取とり逃にがす	아깝게 놓치다
□ 逮捕たいほする	체포하다
□ 一目ひとめにつく	남의 눈에 띄다
□ 捕つかまえる	잡다
□ 検挙けんきょ	검거
□ 追おいかける	뒤쫓아 가다, 추적하다
□ 刑事けいじ	형사
□ 指紋しもん	지문
□ 金目かねめの物	값진 물건
□ 被害額ひがいがく	피해액
□ 手口てぐち	범죄 등의 수법
□ 刃物はもの	날붙이
□ 現場検証げんばけんしょう	현장 검증

うきうき にほんご

LESSON

학습목표
사라지는 것들에 관해 이야기하기

17

消滅

주요
문형 **1** ほとんど消えたも同然のものにワープロなどがあります。

주요
문형 **2** 男性は優しくおとなしく頼りなくなりつつあります。

주요
문형 **3** 少子化によりますます家制度が崩壊してきています。

주요
문형 **4** 高齢化が進み、人口が減ると国力の衰えにつながります。

주요
문형 **5** 意味をなさなくなってきているのです。

21世紀で消えてしまいそうなもの

mp3 **33**

　21世紀になりました。今世紀になってほとんど消えたも同然のものにワープロやポケベル、二槽式洗濯機などがありますが、この先何が消えると思いますか。

　私個人の考えですが、日本語の中では「亭主関白」という言葉が消えるんじゃないかと思います。男性は優しくおとなしく頼りなくなり、女性をリードできない人が多くなりつつあるからです。きっと百年以内に死語となっていることでしょう。

　あと、お札も消えると思います。電子マネーで決済するので必要なくなると思います。

　また、結婚制度もなくなっているんじゃないかと思います。少子化によりますます家制度が崩壊し、一人っ子同士が結婚すれば片方のお墓は守れなくなってきます。高齢化が進み、人口が減ると国力の衰えにつながります。今や「家を守る」というのがどんどん意味をなさなくなってきているのです。

　参考までに、その他のものを羅列すると「レコード、CD、フロッピーディスク、ビデオテープ、和式トイレ、公衆電話や公衆トイレ」などもいつかは消えてしまうのでは。

　皆さんはどんなものが消えると思いますか。

WORD

- 同然どうぜんだ 똑같다, 다름없다
- 二槽式洗濯機にそうしきせんたくき 이조식 세탁기
- この先さき 금후, 장차, 앞으로
- 亭主関白ていしゅかんぱく 가정에서 폭군같이 구는 남편, 집안 폭군
- 頼たよりない 미덥지 않다, (믿기에는) 불안하다
- あと 그리고
- 決済けっさい 결제
- 少子化しょうしか 아이를 적게 낳는 현상
- ますます 더욱더, 점점 더

- 崩壊ほうかい 붕괴
- 同士どうし 끼리, 한패, 동아리
- お墓はか 묘, 무덤
- 高齢化こうれいか 고령화
- 衰おとろえ 쇠함, 쇠약, 쇠퇴
- なす 이루다
- 参考さんこうまでに 참고로
- 羅列られつ 나열
- フロッピーディスク 플로피디스크
- 和式わしき 일본식

1 ～も同然

「～も同然」은 '똑같음', '다름없음'의 뜻으로 '근본적인 성격에서 볼 때 그것과 다를 바 없다'라는 뉘앙스를 나타낸다. 「동사 た형+も同然」, 「명사+同然」의 형태로 많이 쓰인다.

> 예 この成績ならもう受かったも同然だ。
>
> 愛車をタダ同然で売ってしまった。
>
> 歌手AとB社長は夫婦同然の甘い生活を送っている。

2 亭主関白

「亭主関白」는 집에서 으스대는 남편을 가리키는 말이다. 반대어는 「かかあ天下」로 남편보다 아내가 권력을 쥐고 뽐내는 것을 나타낸다.

3 ～つつある

「동사 ます형+つつある」는 '～중이다', '～하고 있다'의 뜻으로 진행을 나타내는 표현이다. 「～つつある」는 주로 추상적인 변화를 나타내며, 동작 동사와 함께 사용하지 않는다.

> 예 田中さんは昼ごはんを食べつつあります。 → 食べているところです。
>
> ○○市はどんどん発展しつつあります。
>
> 地球の環境が変わりつつあります。

4 今<small>いま</small>や

'이제는', '이미', '바야흐로'라는 뜻으로, 현재가 특별한 때임을 나타내거나 현재의 상태가 과거와는 심하게 변했다는 의미를 나타낸다.

예 昔は雑巾を家で作ったものだが、今や雑巾は買う時代となった。

昔ライバルだった田中も今や最高の友達となった。

cf. 彼、あんなに食べていたら今に豚のように太ってしまうぞ。

今にも雨が降り出しそうな雲行きだ。

彼女のような歌唱力のある歌手は今どき珍しい。

5 参<small>さんこう</small>考

「参考」는 '참고'라는 뜻인데 '참고하세요'라고 할 때 「参考してください」가 아니라 「参考にしてください」라고 한다.

cf. 犠牲にする / 家を留守にする / 相手にするな

そろそろ食事にしましょうか。 / そろそろお茶にしましょうか。

mp3 **34**

ハルナはさ、今世紀中になくなっちゃうんじゃないかなって思う物ある？

そうね。私はガソリン車じゃないかなって思うな。

最近電気自動車も開発されてるし、違った代替エネルギーで走る車も登場するだろうし、時代って急速に変わるもん。

そうだな。車といえばマニュアル車も全くないだろうな。

下手するとハンドルもギアーもアクセルもないかも。

すべてコンピューター制御だったりして。

世の中便利になるのはいいけど、人の暖かい気持ちはなくなってほしくないものだわ。

全くその通り。昔に比べたら人の心ってだんだんすさんできているもんね。

単語　今世紀こんせいき 금세기 | ガソリン 휘발유 | 代替だいたいエネルギー 대체 에너지 | 登場とうじょう 등장 | 急速きゅうそくに 급속히 | マニュアル車しゃ 수동 기어차 | 下手へたすると 자칫하다가는 | ハンドル 핸들 | ギアー 기어 | アクセル 액셀러레이터 | 制御せいぎょ 제어 | すさむ 마음이 거칠어지다, 삭막해지다

FREE TALKING

◆ 電気製品の中で100年後には消えている物は何だと思いますか。また、反対にこんな新しい電気製品が出ているのではないかと思う物がありますか。

◆ 韓国語にも昔よく使っていた言葉なのに今ではほとんど使われていない言葉がありますか。また、今世紀中にはもうなくなっているのではないかと思う言葉があったら言ってみてください。

◆ 制度や法律、規則、交通ルールなどで未来には消えていたり変わっているだろうと思うことがあったら話してください。

◆ 韓国の文化的なものの中で消えてしまうのではないかと思うものがあったら話してみましょう。

◆ 今はないけど、来世紀にはこういう物ができているんじゃないかと思うものは何ですか。

✿ VOCABULARY

□ 時代を先取さきどりする	시대를 앞서 가다	□ ブラウン管かん	브라운관
□ 未来みらいを先駆さきがける	미래를 앞서 가다	□ デジタル	디지털
□ 未来を担になう	미래를 짊어지다	□ アナログ	아날로그
□ 夢ゆめを育はぐくむ	꿈을 키우다		
□ 時代遅じだいおくれ	시대에 뒤떨어짐	□ 紛争ふんそう	분쟁
□ 時代を逆行ぎゃっこうする	시대를 역행하다	□ 平和へいわ	평화
□ 遅れをとる	남보다 뒤지다	□ 根絶こんぜつ	근절
□ 時代錯誤じだいさくご	시대착오	□ 取とり戻もどす	되찾다, 회복하다
□ 過去かこを振ふり返かえる	과거를 되돌아보다	□ 安楽あんらくだ	안락하다
		□ 見込みこみ	전망
□ 取とり壊こわす	헐다, 파괴하다, 해체하다	□ 政策せいさく	정책
□ 廃止はいし	폐지		
□ 娯楽施設ごらくしせつ	오락 시설	□ 危機的ききてき	위기적
□ 媒体ばいたい	매체	□ 長期的ちょうきてき	장기적
□ 消滅しょうめつ	소멸	□ 短期的たんきてき	단기적
□ 絶滅ぜつめつ	절멸	□ 近代的きんだいてき	근대적
□ 出現しゅつげん	출현	□ 合法的ごうほうてき	합법적
		□ 非合法的ひごうほうてき	비합법적
□ 環境破壊かんきょうはかい	환경 파괴	□ 合理的ごうりてき	합리적
□ 地球温暖化ちきゅうおんだんか	지구 온난화	□ 不合理ふごうり	불합리
□ 資源しげん	자원	□ 加速度的かそくどてき	가속도적
□ 枯渇こかつ	고갈	□ 効率的こうりつてき	효율적
□ 飢餓きが	기아		
□ 異常気象いじょうきしょう	이상기후		
□ 伝染病でんせんびょう	전염병		
□ 滅ほろびる	멸망하다, 절멸하다		
□ 先端技術せんたんぎじゅつ	첨단 기술		
□ 切きり開ひらく	개척하다		
□ 想像力そうぞうりょく	상상력		
□ 創造そうぞう	창조		

うきうき にほんご

LESSON

학습목표
질투에 관해 이야기하기

18

嫉妬

주요 문형 1 彼女はいつも周囲にもてはやされています。

주요 문형 2 彼女が彼のとなりをキープしてべたべたくっつきます。

주요 문형 3 彼も当たり障りのない対応をしているのはわかっています。

주요 문형 4 どうしても焼き餅を焼いてしまいます。

주요 문형 5 腹の虫が納まりません。

彼によりつく彼女

社内恋愛が始まって三ヶ月付き合っている彼がいます。彼とは社内ということで、周りには内緒で付き合っているのですが、一人だけどうしても嫉妬してしまう女性社員がいるんです。彼女は高学歴・容姿端麗、いつどこに行っても周囲にもてはやされている人です。

かつて、彼女から個別で飲みに行こうと誘っていたということを知ってしまって、それまでは気にならなかったのにそれから気になって気になって。

飲み会の時は彼女が彼のとなりをキープ。べたべたくっつくのです。

彼も当たり障りのない対応をしているのはわかっているのですが、どうしても焼き餅を焼いてしまいます。

それを伝えたら、その嫉妬、どうにかならないかと言われました。もう、飲み会も極力参加したくない！！

友人に話したら「彼女なんだから堂々としていたらいいのよ」と言われるのですが腹の虫が納まりません。

男性の方、女性の方、この嫉妬心をどうやって克服したらいいでしょうか。逆にこのことでいい女だと彼に思われたい私であります。いい女になりたい！！ぜひご教授くださいませ。

WORD

- **よりつく** 다가가다, 접근하다, 가까이하다
- **嫉妬**しっと 질투
- **容姿端麗**ようしたんれい 용모 단정
- **もてはやされる** 인기가 있다,
  많은 사람의 입에 오르다
- **かつて** 일찍이, 이전에, 옛날에
- **べたべた** 딱 달라붙는 모양, 찰싹
- **くっつく** 바싹 붙어 가다, 바싹 따라가다
- **当**あたり**障**さわり 탈, 지장, 영향
- **焼**やき**餅**もち**を焼**やく 질투하다

- **極力**きょくりょく 힘껏
- **堂々**どうどうと 당당하게
- **腹**はら**の虫**むし**が納**おさ**まらない**
  그대로 참을 수가 없다, 화가 치밀다
- **克服**こくふく 극복

1 キープ

「キープ」는 영어 'keep'에서 온 말이지만, 일본에서는 '자기 수중에 가지거나 단골집에 물건을 맡기다'라는 뜻으로 널리 쓰이고 있다.

예 スナックでボトルをキープする。

ジャイアンツが首位をキープする。

眺めのいい部屋をキープする。

2 当_あたり障_{さわ}りがない

「当たり障りがない」는 '지장이 없다', '어련무던하다'라는 뜻으로 쓰인다.

예 当たり障りのない話しをする。

当たり障りのないことをメールに書く。

当たり障りのないコメントを返す。

3 どうにかならないか

「どうにかならないか」는 상대방에게 지금 있는 상황을 바꾸거나 고치기를 원하는 말로, 본문에서는 상대방이 질투하는 모습을 보고 '그 성격을 좀 바꿀 수 없느냐'라는 의미로 사용되었다.

예 あの騒音、どうにかならないかな？

隣家の悪臭、どうにかならないですか。

4 堂々
<ruby>堂々<rt>どうどう</rt></ruby>

「堂々」는 한국어 '당당함'에 해당되는 말로, 명사를 수식할 때「堂々とした+명사」, 또는
「堂々たる+명사」의 형태로 연결된다.

예 田中さんはいつも人の前でも堂々としている。

　　人の前ではいつも堂々とした態度を取りなさい。

　　あの学生は遅刻してもいつも堂々と席に着く。

5 腹の虫が納まらない
<ruby>腹<rt>はら</rt></ruby>の<ruby>虫<rt>むし</rt></ruby>が<ruby>納<rt>おさ</rt></ruby>まらない

「腹の虫が納まらない」는 '머릿속으로는 침착해야 한다고 생각하면서도 그 일에 대해서 생각만
하면 화가 치밀어 올라서 어쩔 줄 모르다'라는 뜻이다. 그리고 「腹の虫が鳴る」라고 하면 '배가
고파서 뱃속에서 꼬르륵꼬르륵 소리가 나다'라는 뜻이다.

6 教授
<ruby>教授<rt>きょうじゅ</rt></ruby>

「教授」는 원래 한자 그대로 학문 등을 가르치는 일이나 사람을 가리키는 말인데,
「ご教授ください」라고 하면 어떤 사람에게 조언을 구하기 위해서 '어떻게 하면 좋을지 좀
가르쳐 주세요'라는 뜻으로 쓰인다.

DIALOGUE

😊 私、最近社内恋愛してるんだけど、私の彼に言い寄って
くる同じ部署の子がいるの。

彼女、セクシーだから心配で心配で気が気でないわ。

😄 でも、ハルナと付き合ってるんだから彼のこと信じて
あげないと。

😊 そうなんだけど、男って女から口説かれたらいくら彼女
いても心揺れるんじゃないの？　リクだったらどう？

😄 うん、いくら一途な僕でもやっぱりセクシーな子から
言われたらね。

😊 ほらね。やっぱり男ってみんなオオカミなんだから。

😄 違うだろ。こういう場合、男がオオカミなんじゃなくて
女が魔物なんだよ。(笑)

単語　**言**い**い寄**よ**る** 구애하다 ｜ **気が気でない** 안절부절못하다, 제정신이 아니다 ｜ **口説**くどく 이성에게 구애하다 ｜ **揺**ゆ**れる** 흔들리다 ｜
一途いちず 한결같음, 일편단심 ｜ **オオカミ** 늑대 ｜ **魔物**まもの 요물

FREE TALKING

다음 질문을 하고 상대방의 대답을 적어 보세요.

◆ あなたがこの女性の立場なら同じように嫉妬すると思いますか。

◆ 嫉妬心を克服するためにはどうしたらいいと思いますか。
　あなたならこの女性にどうアドバイスをしてあげますか。

◆ 今まで異性に対して嫉妬をしたことがありますか。

◆ 今まで他人の成功、学歴、容姿、暮らしぶりに対して嫉妬心を抱いた
　ことがありますか。

◆ 付き合っている人が嫉妬心の強い人だったらどうしますか。

✣ VOCABULARY

□ 妬ねたみ	샘, 질투	□ 確証かくしょう	확증
□ 憎にくしみ	미움, 증오		
□ 恨うらみ	원망, 한	□ 逆効果ぎゃくこうか	역효과
□ 怒いかり	분노	□ 悪循環あくじゅんかん	악순환
		□ 胸むねがときめく	가슴이 설레다
□ いちゃつく	남녀가 노닥거리다	□ すねる	토라지다
□ 受うけ止とめる	받아들이다	□ 恋こいの駆かけ引ひき	상대의 마음을 사로잡는 요령
□ もてる	인기가 있다		
□ 寄よりかかる	기대다, 의지하다	□ 嫌いやみを言う	싫어하는 말을 하다
□ ごまかす	속이다, 얼버무리다	□ 勘かん	직감
□ 八やつ当あたりする	마구 화풀이를 해대다	□ 清楚せいそ	청초함
□ お門違かどちがい	잘못 짚음, 착각	□ 焦あせり	초조함
		□ うんざり	지긋지긋하게, 진절머리나게
□ 焼やき餅焼もちやき	질투가 심한 사람		
□ 意地いじっ張ばり	고집쟁이	□ 悪意あくい	악의
□ 独占欲どくせんよく	독점욕	□ 自暴自棄じぼうじき	자포자기
□ 束縛そくばく	속박	□ 自画自賛じがじさん	자화자찬
□ 猜疑心さいぎしん	시의심		
		□ 負おい目め	빚에 대한 부담감
□ 顔見知かおみしり	안면이 있음, 또는 그 사람	□ もやもやとした気分きぶん	개운치 않은 기분
□ 報むくわれる	보답받다	□ やり場ばのない感情かんじょう	
□ 突つっぱねる	완강히 거절하다, 일축하다		어찌 할 수 없는 감정
		□ 意気地いくじがない	무기력하다
□ 破局はきょく	파국	□ 疑うたがい深ぶかい	의심이 많다
□ 罪悪感ざいあくかん	죄악감	□ 偏屈へんくつだ	편벽하다
□ 好意こういを寄よせる	호의를 가지다[보이다]	□ 計算高けいさんだかい	타산적이다
□ 勘違かんちがい	착각, 오해	□ 必死ひっしだ	필사적이다
□ 神経しんけいを尖とがらせる	신경을 곤두세우다	□ 嫉妬深しっとぶかい	질투가 많다
□ 仕草しぐさ			
무슨 일을 할 때의 동작이나 표정·태도			
□ 心血しんけつを注そそぐ	심혈을 기울이다		

152

LESSON

19

ファーストフード

주요문형1 お腹がどっしりして、張っているような気がします。

주요문형2 体がだるくて、血液がドロドロになってしまうようです。

주요문형3 内臓にタップリと脂肪が付いているような気もします。

주요문형4 人間関係の都合上、どうしても断れないのです。

毎日ファーストフードでムカムカ

職場や学校での昼休み、みなさんは何を食べてますか。私は週五日ファーストフードです。

マクドナルド・モスバーガー・スタバのローテーションです。

最近お腹もどっしりして、いつもお腹が張っているような気がします。しかも便秘がつらいです。体がだるくて、なんだかそのうち血液がドロドロになってしまうように感じます。体もぽっちゃりしてきました。内臓にタップリと脂肪が付いているような気もします。成人病になる気がします。肌も荒れてきました。

そして何よりイライラします。野菜＆あっさり味が好きなので、体がSOSを出しているのを感じます。

ここまで書いておいて「食べるの辞めればいいじゃん」と自分でも深く思います。でも、職場の人間関係の都合上、どうしても断れないのです。

よく男性は毎日牛丼を食べたり、揚げ物がたっぷり入った濃い味付けのお弁当を食べたりしてますよね。本当に平気なんでしょうか。

食物栄養に詳しい方、私がこの食生活をあと2年続けた場合、どんな病気や体の影響があるのか、ぜひ教えてください。ちなみに朝、夜は栄養バランスの良い野菜中心の食事をしています。

□ **ムカムカ** 메슥메슥

□ **スタバ** スターバックスの준말

□ **ローテーション** 로테이션, 회전, 순환

□ **お腹が張**はる 배가 불룩해지다, 포만감이 있다

□ **だるい** 나른하다, 노곤하다

□ **そのうち** 머지않아, 가까운 시일 안에

□ **ドロドロ** 질척질척, 흐물흐물(질척하게 녹은 모양)

□ **ぽっちゃり** 포동포동(오동통하게 살찌고 애교가 있
는 모양)

□ **内臓**ないぞう 내장

□ **タップリ** 많이, 충분히, 가득, 듬뿍, 잔뜩

□ **脂肪**しぼう 지방

□ **荒**あれる 거칠어지다, 가슬가슬하다, 까칠까칠하다

□ **あっさりとした** 산뜻한, 담박한, 개운한

□ **牛丼**ぎゅうどん 소고기 덮밥

□ **揚**あげ**物**もの 튀김, 튀긴 음식

□ **味付**あじつけ (양념하여) 맛을 냄, 또는 맛을 낸 것

□ **食物**しょくもつ 식물

1 マクドナルド

「マクドナルド」는 도쿄와 오사카에서 부르는 방식이 다르다. 주로 도쿄에서는 「マック」, 오사카에서는 「マクド」라고 한다.

2 どっしり

「どっしり」는 크고 무거워 보이는 모양을 나타내는 표현으로, 「どっしり」 뒤에는 「〜と」 「〜(と)した」 「〜している」의 형태가 이어진다.

> 예　主人はどっしりと重い荷物を持って車に乗り込んだ。
> 私はどっしりとした木製の家具を買った。
> このカメラはどっしりしているのでブレが少ない。

3 うち

본문에서 「うち」는 언제인지 확실히 모르는 사이에 어떤 변화가 일어난다는 뜻으로 쓰였다. 「そのうち」는 하나의 부사로서 '가까운 시일 안에', '머지않아', '곧'이라는 뜻이다.

> 예　机に向かって勉強しているうちにだんだん眠くなってきた。
> 知らないうちに私の写真がインターネットに掲載されていた。
> 激しい運動のために筋肉痛になったが、そのうちよくなるだろう。

4 都合上

「都合上」는 '사정상'이라는 뜻으로, 「事情上」라고 하지 않으므로 주의한다. 「性質上」, 「職業上」, 「構造上」 등은 「〜上」 대신에 「〜柄」를 쓰는 경우도 많다.

> 예　私は毎日同じ時間にテレビを見るというのが職業柄できない。
> 看護婦という仕事柄ネールサロンに行くことができない。
> 屋台のおでん屋という商売柄、季節に左右されるのが辛いところだ。

5 平気だ

「平気だ」는 '태연하다'인데 회화에서는 「大丈夫だ」의 뜻으로 쓰이는 경우가 많다.

> 예 昨日の飲み会で疲れていても私は平気です。
> 変な女だと言われても私は平気です。
> この商品は防水加工されているので濡れても平気です。

6 詳しい

「詳しい」는 앞에 조사 「に」가 오면 능력의 상태를 나타내는 표현이 된다. 이와 같이 쓰이는 형용사로는 「疎い」, 「強い」, 「弱い」, 「明るい」 등이 있다.

> 예 幸子さんは政治に疎い。
> 私は計算に強い。
> 田中さんはこの辺の地理に明るい。

DIALOGUE

mp3 38

リクはファーストフードみたいなの好き？

もちろんさ。小さいときから両親共働きだったから、
しょっちゅう食べてたもん。

でも主な原料って動物性たんぱく質や脂肪、砂糖、塩、化学
調味料なのよ。しかも高カロリー、高脂肪食だから体に悪いに
決まってるじゃん。

でも僕ってその割には太ってない方だと思うけど。

よくみると下っ腹が出てきてるじゃない。
長期間食べると心臓血管の疾患とか癌になったりするのよ。

何かハルナってお医者さんみたいなこと言ってるよ。
僕は平気だって。

病気になっても
知らないから。

単語　しょっちゅう 항상, 언제나 | 原料げんりょう 원료 | たんぱく質しつ 단백질 | 脂肪しぼう 지방 | 化学調味料かがくちょうみり
ょう 화학조미료 | 高こうカロリー 고칼로리 | 高脂肪食こうしぼうしょく 고지방식 | 下したっ腹ぱら 아랫배 | 心臓しんぞう 심
장 | 血管けっかん 혈관 | 疾患しっかん 질환 | 癌がん 암

FREE TALKING

다음 질문을 하고 상대방의 대답을 적어 보세요.

◆ ファーストフードのよい点と悪い点を考えてみましょう。

◆ ファーストフードをどんなときに食べますか。
　食べるときは主にどんなものを食べますか。

◆ この文を書いた人はこれからどうしたらいいと思いますか。
　昼休みにファーストフードを食べなくても済むよい方法があるでしょうか。

◆ 毎日三食をハンバーガーにしたら一ヶ月後には体にどんな影響が表れると思いますか。

◆ 食生活をどう営んでいくべきだと思っていますか。

✤ VOCABULARY

□ 健康けんこうを損そこなう	건강을 해치다	□ 時間じかんに追おわれる	시간에 쫓기다
□ 生活習慣病せいかつしゅうかんびょう	성인병	□ 不規則ふきそくだ	불규칙하다
□ そううつ病びょう	조울병	□ 軽食けいしょく	간단한 식사
□ 性欲減退せいよくげんたい	성욕 감퇴	□ 手てっ取とり早ばやい	손쉽다
□ 脳卒中のうそっちゅう	뇌졸중	□ スピーディーだ	스피디하다
□ 高脂血症こうしけつしょう	고지혈증	□ レトルト食品しょくひん	레토르트 식품
□ 肝機能かんきのう	간 기능	□ 粗食そしょく	조식, 변변치 않은 음식
□ 低下ていか	저하		
		□ 無害むがい	무해
□ 脅威きょうい	위협	□ 有害ゆうがい	유해
□ リスクが高たかまる	위험이 높아지다		
□ 害がいを及およぼす	해를 끼치다	□ スローフード	슬로푸드
□ 激増げきぞうする	격증하다	□ 食物繊維しょくもつせんい	식물섬유
□ 追放ついほうする	추방하다	□ 補助食品ほじょしょくひん	보조 식품
□ 蔓延まんえんする	만연하다		
□ 警告けいこくする	경고하다		
□ 蓄積ちくせきする	축적하다		
□ 欠如けつじょする	결여되다		
□ 摂取せっしゅ	섭취		
□ 深刻化しんこくか	심각화		
□ 欧米化おうべいか	서구화		
□ 夜食やしょく	야식		
□ 宅配たくはいピザ	배달 피자		
□ ジャンクフード	정크 푸드		
□ 清涼飲料水せいりょういんりょうすい	청량음료		
□ 添加物てんかぶつ	첨가물		
□ 炭水化物たんすいかぶつ	탄수화물		
□ 遺伝子組いでんしくみ替かえ	유전자 변형		

うきうき にほんご

LESSON

학습목표
속도위반 결혼에 관해 이야기하기

20

できちゃった結婚

주요문형 1 今の世代、婚前交渉は当たり前です。

주요문형 2 婚前交渉自体を否定している方もいるかもしれません。

주요문형 3 不特定多数との関係で性病やエイズの問題が出てきます。

주요문형 4 婚前妊娠したとしても迷わず堕胎を選んだと思います。

주요문형 5 あくまでも万が一の避妊の失敗の話です。

　昨日友人たちと「でき婚」について話しました。私は将来、子供が自分が
でき婚で生まれたことを知れば悩み苦しむだろう、愚かなことだと発言し
ました。

　すると一人の友人は、「子供は愛されて育てば自分の出生について思い悩
むことはない」。また、他の友人は「今の世代、婚前交渉は当たり前。避妊
具が不良品、装着の不備など万が一の可能性を考えればどの女性にも婚前
妊娠の確率はある。その責任を重く見て結婚した人について、ほめられな
いにせよ、なじられることはない」と、でき婚を肯定する発言をしました。

　人によってはそもそも婚前交渉自体を否定されている方もいらっしゃる
かも知れません。いとも簡単に関係を持ち、すぐ別れてしまうようなご時
世。不特定多数の人と関係を持つことによって性病やエイズの問題が出て
くるのは十分理解できるし、それは私も賛成できません。

　結論から言うと、もしも私自身が愛している人と関係を持って婚前妊娠
してしまったとしても迷わず堕胎を選んだと思います。避妊に失敗したと
は言え、堕胎もせずに世間様に顔向けできないような結婚をする人をなじ
らない彼女らの神経がわかりません。

　みなさんはもしもご自分が何らかの失敗によって(あくまでも万が一の避
妊の失敗の話です。)結婚前に妊娠してしまった場合はどうされますか。お
聞かせください。

- でき婚こん できちゃった婚의 준말
- 愚おろかだ 어리석다
- 思おもい悩なやむ 이것저것 생각하고 괴로워하다
- 婚前交渉こんぜんこうしょう 혼전 성관계
- 避妊具ひにんぐ 피임구
- 不良品ふりょうひん 불량품
- 装着そうちゃく 장착
- 不備ふび 불비, 충분히 갖추어지지 않음
- なじる 힐문하다, 힐책하다, 따지다
- 肯定こうてい 긍정

- ご時世じせい 지금의 세상, 시대, 변천하는 세상
- 不特定多数ふとくていたすう 불특정 다수
- 堕胎だたい 낙태
- 顔向かおむけができない
  (면목이 없어) 얼굴을 대할 수가 없다, 대할 낯이 없다

PHRASE

1 できちゃった結婚けっこん

「できちゃった結婚」은 혼전 임신으로 급히 서두르는 결혼을 가리키는 말로, 부정적인 뉘앙스가 있기 때문에 「おめでた婚」, 「授かり婚」이라고 부르기도 한다.

2 発言はつげん

「言(げん)」처럼 탁음이 있는 말 앞에 「発(はつ)」와 같은 「つ」 발음이 와도 촉음으로 발음하지 않는 점에 주의한다.

예 発電はつでん / 発展はってん   実現じつげん / 実験じっけん
    失言しつげん / 失権しっけん

3 そもそも

「そもそも」는 '사물의 근본이나 원인에 대해서 언급하는 것'을 나타내며, 명사로서의 쓰임과 접속사로서의 쓰임이 있다.

예 柔術はそもそもが実戦用の総合格闘技である。
    借金をしても何とかなると思ったのがそもそもの間違いだった。
    そもそも人間の心と世界とはどんな関係にあるのでしょうか。

의문 표현과 같이 쓰면 의문의 근본을 거슬러 올라가서 제시하는 뜻을 나타낸다.

예 そもそも温暖化って何で起こるのでしょうか。
    そもそも誰がやろうって言い出したんだろう。

4 いとも

「いとも」는 '매우', '아주', '대단히', '지극히'의 뜻으로 예상보다 정도가 더 심하며, 감탄한 마음을 암시하는 뉘앙스가 있다. 상태의 정도에는 그다지 사용되지 않는다.

> **예** 田中さんはいとも簡単に難しい数学の問題を解いた。
> 企業秘密がいとも容易く漏れてしまった。

> **cf.** 小学生が妊娠するなんていとも嘆かわしいことだ。(×)
> 小学生が妊娠するなんて非常に嘆かわしいことだ。(○)

5 〜とは言え

「Aとは言えB」는 「Aとは言うもののB」와 같은 용법으로 'A라고 하지만 B', 'A라고 하나 B'라는 뜻이다.

> **예** サラリーマンとは言え、毎日5時間の残業は無理だ。
> 年取ったとは言え、まだまだ体力はあります。
> 独身とは言え、子持ちなので自由がありません。

6 あくまでも

「あくまでも」는 '어디까지나'라는 뜻으로, 일정한 범위 내로 한정시키는 모양을 나타내는 부사이다.

> **예** これはあくまでも私の推測ですが、A社の株、来年上がると思いますよ。
> ピアノはあくまでも趣味として習ってるまでで、本業にする気持ちはないです。
> この話はあくまでも噂で本当かどうかはわかりません。

DIALOGUE

mp3 40

私の友人ね、でき婚だったの。

なんと付き合って二ヶ月目だったのよ。

最近そういうパターン多いよね。統計によると20代の
結婚の半分以上ができちゃった結婚なんだって。

10代になると80%以上だってよ。信じられないよ。

付き合うのは自由だけど、子供を妊娠しないようにする
のは男の役目よね。結局は女が損するだけじゃない。

えー、そんなのないよ。

これは男女の行為なんだから両方の責任だよ。

でも、男って強引じゃない。

女なんてそう簡単に拒めないのよ。

それってハルナの彼のこと言ってるんだろ？
僕はそんなんじゃないよ。

へへ、ばれたか。

단어　　なんと 놀랍게도 | パターン 패턴 | 統計とうけい 통계 | 役目やくめ 임무, 역할, 소임 | 損そんする 손해 보다 | 強引ごういんだ
강제적이다 | 拒こばむ 거절하다, 거부하다 | ばれる 들통 나다, 발각되다, 탄로 나다

166

◆ 「婚前交渉」については肯定的に考えていますか。それとも否定的に考えていますか。

◆ 「できちゃった結婚」で生まれた子供は大きくなってからそれを知った時、悩み苦しむと思いますか。

◆ もしあなたが今25歳未婚で、付き合っている人との間に子供ができたらどうしますか。

◆ あなたは性病やエイズについてどう考えていますか。また、これらの予防をするためにはどうしていったらいいと思いますか。

◆ 昔に比べて「できちゃった結婚」が倍増している理由を考えてみましょう。

VOCABULARY

□ おめでた	(결혼·임신 등의) 경사	□ 陣痛じんつう	진통
□ 物心ものごころがつく	철이 들다	□ 基礎体温きそたいおん	기초체온
□ パラサイトシングル	자립을 못하고 부모한테 얹혀 사는 독신자	□ 子供こどもを堕おろす	아이를 떼다
□ 眉まゆをひそめる	눈살을 찌푸리다	□ 人工中絶じんこうちゅうぜつ	인공 중절
□ 助長じょちょうする	조장하다	□ いとおしい	사랑스럽다, 가엾다
		□ ヒヤヒヤする	조마조마(불안·걱정 등으로 마음을 졸이는 모양)
□ パイプカット	정관 수술		
□ 性交せいこう	성교	□ 危あやうい	위태롭다, 조마조마하다, 아슬아슬하다
□ 性欲せいよく	성욕		
□ 子宮しきゅう	자궁	□ やりきれない	견딜 수 없다, 참을 수 없다
□ 精子せいし	정자		
□ 梅毒ばいどく	매독	□ 億劫おっくうだ	귀찮다
□ 淋病りんびょう	임질	□ 浅あさはかだ	천박하다, 어리석다
		□ 肝心かんじんだ	중요하다, 요긴하다
□ 子宝こだからを授さずかる	자식을 점지받다	□ とんでもない	터무니없다, 당치도 않다
□ 子こは夫婦ふうふのかすがい		□ ふしだら	품행이 난잡함
	자식은 부부의 연결고리	□ 良心りょうしんの呵責かしゃく	양심의 가책
□ 待まち望のぞむ	고대하다, 대망하다	□ 後うしろめたい	양심의 가책을 느끼다, 떳떳하지 못하다
□ 籍せきを入いれる	호적에 올리다		
□ 出生届しゅっせいとどけ	출생 신고	□ 照てれくさい	겸연쩍다, 쑥스럽다
		□ 棚たなに上あげる	자기에게 불리한 일은 그냥 넘어가다
□ 妊婦にんぷ	임산부		
□ 悪阻つわり	입덧		
□ 胎児たいじ	태아		
□ 不妊ふにん	불임		
□ 流産りゅうざん	유산		
□ 早産そうざん	조산		
□ 安産あんざん	순산		
□ 難産なんざん	난산		
□ 分娩ぶんべん	분만		